LE
THÉATRE POPULAIRE

EN

ALSACE

PAR

HENRI SCHOEN

Agrégé de l'Université
Docteur ès lettres
Chargé de Cours à l'Université d'Aix-Marseille.

PARIS

LIBRAIRIE FISCHBACHER

33, RUE DE SEINE, 33

1903

LE
THÉATRE POPULAIRE
EN
ALSACE

DU MÊME AUTEUR :

LES ORIGINES HISTORIQUES DE LA THÉOLOGIE ET DE LA PHILOSOPHIE DE RITSCHL, 1 volume gr. in-8°, Paris, chez Fischbacher, 1893.   3 fr. 50

ERNEST RENAN, dans la Revue *Zeitschrift für Philosophie und Pædagogik*, 1894, n°s I et II.

LEÇON D'OUVERTURE d'un Cours de Littérature allemande sur la *Période de Crise (Sturm-und Drang-Periode)*, grand in-8°, Paris, chez Fischbacher, 1895.......................... 1 fr. »

L'ORIGINE DE L'APOCALYPSE DE SAINT-JEAN. — 1re partie : Les nouvelles hypothèses sur l'Origine de l'Apocalypse. — 2e partie : Le problème de l'Apocalypse et sa solution. — 1 volume grand in-8°, Paris, chez Fischbacher, 1887.................... 3 fr. 50

L'HYPOTHÈSE D'UNE APOCALYPSE JUIVE ET LES OBJECTIONS QU'ELLE SOULÈVE, Paris, chez Fischbacher, 1888................ 0 fr. 50

DE TENORE, SENSU, ORIGINE TRIUM PRIMORUM VERSUUM APOCALYPSEOS, Paris, chez Fischbacher, 1893.................... 2 fr. »

DIE FRANZŒSISCHEN HOCHSCHULEN SEIT DER REVOLUTION, *Ein Beitrag zur Geschichte der franzœsischen Universitaeten*, Munich, Librairie académique, 1896.............. 1 fr. 90 (Mark 1 50)

TRADITIONELLE LIEDER UND SPIELE DER KNABEN UN MÆDCHEN ZU NAZARETH, dans la collection *Pædagogisches Magazin*, vol. 138, Langensalza, chez Beyer und Sœhne, 1900..... 0 fr. 60 (50 pf)

LA MÉTAPHYSIQUE DE HERMANN LOTZE OU LA PHILOSOPHIE DES ACTIONS ET DES RÉACTIONS RÉCIPROQUES, avec un beau portrait de Lotze, Paris, chez Fischbacher, 1902.................... 7 fr. 50

QUID BONI PERICULOSIVE HABEAT GŒTHIANUS LIBER QUI AFFINITATES ELECTIVÆ INSCRIBITUR, Paris, chez Fischbacher, 1902.... 5 fr. »

DIE REFORM DES HŒHEREN SCHULWESENS IN FRANKREICH, extrait de la *Deutsche Rundschau*, Berlin, 1902.

HERMANN SUDERMANN, SON THÉATRE, SES ROMANS. (*En préparation.*)

LE
THÉATRE POPULAIRE
EN

ALSACE

PAR

HENRI SCHOEN

Agrégé de l'Université
Docteur ès lettres
Chargé de Cours à l'Université d'Aix-Marseille.

PARIS

LIBRAIRIE FISCHBACHER

33, RUE DE SEINE, 33

—

1903

LE
THÉÂTRE POPULAIRE
EN
ALSACE

par

Henri SCHOEN

Agrégé de l'Université

Docteur ès lettres

Chargé de cours à l'Université de Metz-Nancy

PARIS

LIBRAIRIE FISCHBACHER

33, rue de Seine, 33

1903

THÉATRE POPULAIRE EN ALSACE

INTRODUCTION

> « La poésie populaire est un livre
> plein de vie ; quelle que soit la page
> où on ouvre ce livre, il est intéressant
> ou émouvant. »
> (H. GRIMM.)

Depuis quelques années on s'intéresse beaucoup en France à la fondation de théâtres populaires. On voit dans ces manifestations de l'art national un moyen de distraire et d'instruire les masses. On demande à l'Etat son concours. L'initiative privée a déjà montré la voie à suivre. Le patriotisme local aidant, des sociétés littéraires et dramatiques se forment aux différentes extrémités de notre pays. De toutes parts on cherche à faire renaître les littératures régionales et à créer, dans chacune de nos anciennes provinces, un centre d'activité intellectuelle. A Bussang, dans la plus belle partie des Vosges françaises, à Ploujean, près des côtes pittoresques de la Bretagne, à La Mothe-Saint-Héraye, l'un des plus anciens villages du Poitou, en Normandie, en Gascogne, dans le Languedoc, en Provence, on organise des représentations populaires (1). Partout les tentatives pour créer un théâtre régional semblent répondre à un besoin réel de nos contemporains.

Au moment où l'attention générale se porte ainsi sur les moyens de mettre l'art dramatique à la portée de tous, il a paru intéressant d'étudier celle de ces manifestations de l'art populaire qui a obtenu le plus de succès et qui nous touche de très près, malgré une frontière récente : nous voulons parler du théâtre populaire en Alsace. Ici le patriotisme local a fait des prodiges. L'initiative privée a atteint le but pour ainsi dire du premier coup. A aucun moment il n'a été question de subventions officielles. Il a suffi de la bonne volonté de quelques amateurs pour réveiller le sentiment national de toute une

_____

(1) Voir la belle série d'études réunies par M. H. Ritleng dans la *Revue universelle* du 6 juillet 1901 : *Les Spectacles populaires aux pays de France.*

génération et faire naître des œuvres, dont quelques-unes au moins sont, dans leur genre, l'expression la plus pure et la plus artistique des émotions et des préoccupations populaires.

Nos deux premiers chapitres seront consacrés à l'étude des *origines littéraires*, des *débuts* et de l'*organisation* du *Théâtre alsacien*. La suite de notre étude nous fera connaître les *pièces* elles-mêmes, leurs *caractères*, les *poètes* qui les ont composées et les *acteurs* qui les interprètent. On verra avec quelle naïveté charmante ces œuvres populaires, avec leurs chants et leurs anciennes ballades, ont su décrire quelques-unes des émotions les plus tragiques, quelques-uns des sentiments les plus délicats et les plus élevés des enfants du peuple, de l'homme qui n'a pas encore été gâté par le luxe et la corruption des grandes villes. On verra avec quelle intensité poignante ces petits drames ont réussi à poser, à discuter ou à effleurer tout au moins quelques-uns des problèmes les plus actuels de nos sociétés contemporaines, ceux-là même qui nous passionnent le plus en ce moment d'un bout de la France à l'autre : le problème de l'attraction toute-puissante, mais perfide, des grandes cités et de la dépopulation des campagnes, le problème des relations entre le patriotisme et l'amour, si palpitant dans un pays de frontière, le problème des mariages d'inclination et des mariages d'argent, et surtout le problème social par excellence, celui du partage des biens et de la suppression des riches et des patrons. Le drame populaire ne craint même pas de toucher aux questions si actuelles de la prostitution et de la traite des blanches ; il vise parfois une certaine police, dont les maladresses sont quelquefois le coup de massue qui fait définitivement tomber dans l'abîme la pauvre créature séduite, mais encore susceptible de relèvement.

Et toutes ces questions si brûlantes et si délicates ont été traitées par les auteurs populaires avec le sérieux qu'elles comportent et dans les termes les plus chastes et les plus élevés. Les drames que nous allons étudier ne connaissent pas l'art coupable et dangereux d'exciter par des sous-entendus scabreux une curiosité malsaine ; leur langue, si vraie et si énergique qu'elle soit, ne dépasse jamais les limites de l'honnêteté et de la décence.

CHAPITRE I

LES ORIGINES LITTÉRAIRES DU THÉÂTRE POPULAIRE EN ALSACE.

Si la création du théâtre alsacien actuel remonte à peine à quelques années, ses *origines* sont fort anciennes. Bien avant la guerre de Trente ans il y eut, en Alsace, tout un mouvement dramatique, dont les archives de Colmar, de Guebwiller et de Thann nous ont conservé le souvenir.

Dès les premières années du xvi° siècle, les paysans des villages voisins organisèrent à *Colmar* des représentations dramatiques, dont les acteurs touchèrent, en 1503, un florin d'or, et, en 1505, douze sols et demi. Le 4 février 1515, on représenta, sur une place publique de l'ancien chef-lieu du Haut-Rhin, un drame religieux joué par des paysans des environs. C'était une sorte de mystère, dont le sujet é'ait la Passion, le crucifiement et la résurrection de notre seigneur Jésus-Christ. Les acteurs improvisés conservaient sur la scène le patois de leurs chaumières. Autant qu'on peut en juger aujourd'hui, ces représentations populaires devaient ressembler à celles d'*Oberammergau* ou plutôt à celles que l'on donne encore aujourd'hui dans certaines petites villes alsaciennes. Nous avons pu voir nous-même, pendant les dernières vacances, dans une ville de quatre à cinq mille habitants, l'une de ces représentations de la Passion, imitée de celles d'Oberammergau, et il faut avouer que l'effet est saisissant, si primitifs que soient les décors et la mise en scène. Si, aujourd'hui encore, ces représentations nous émeuvent, on peut se figurer l'effet qu'elles devaient produire à une époque de foi robuste et naïve.

Il est très probable que ces drames religieux, qui eurent un grand succès à Colmar, ne furent pas un phénomène isolé en Alsace. Ils ont dû se répandre peu à peu dans les autres parties de la province. Dès le xvi° siècle, l'art dramatique était entré dans les mœurs populaires du Haut-Rhin, et, selon une hypothèse très vraisemblable de M. Anselme Laugel (1), dont la compétence est hors de doute, c'est à la persistance de ces anciennes habitudes que les représentations actuelles d'Oberammergau doivent leur existence.

Après les mystères de la Passion, on dramatisa d'autres récits bibliques. Le 20 février 1519, les habitants de *Guémar* viennent jouer à Colmar l'*Enfant prodigue*, et chaque acteur retire des représentations un bénéfice d'une livre cinq sols ou deux florins. En 1521, nous trouvons des traces d'un drame populaire intitulé *Hiltebrand*, qui est probablement une imitation ou un souvenir du célèbre poème héroïque de Hildebrand (2), si populaire en Allemagne dès le commencement du moyen âge.

C'est encore à Colmar que la représentation eut lieu. Elle fut jouée, elle aussi, en dialecte du Haut-Rhin, et elle eut le même succès que les mystères de la Passion ; la représentation, en effet, rapporta à chacun des acteurs, presque tous des amateurs, des paysans d'*Ammerschwihr*,

(1) Dans un très remarquable article de la nouvelle *Revue alsacienne illustrée*, mars 1901, p. 41.

(2) Il existe une chanson de geste de ce nom dont il a été conservé une édition de *Strasbourg*, sans date, et une autre de *Nuremberg*, imprimée vers 1521. Mais cette œuvre a-t-elle pu être connue à Colmar dès l'automne de 1521 ?

une somme assez rondelette pour l'époque, car elle représenterait près de quarante francs de notre monnaie (1).

Bientôt des pièces plus importantes passèrent d'Allemagne en Alsace. Pendant l'hiver de 1521 à 1522, on joue *Tannhæuser*, également à Colmar. Puis les représentations deviennent de plus en plus nombreuses et variées. D'autres villes du Haut-Rhin imitent l'exemple de la métropole. A défaut de théâtre permanent, les représentations ont lieu sur la place publique ou devant l'église paroissiale. Les sujets profanes alternent avec les sujets bibliques. La personnalité des auteurs commence à se faire valoir. Le plus célèbre poète colmarien de la première moitié du XVI⁰ siècle paraît avoir été Wickram, auteur d'un drame représenté en 1531 et intitulé : *Les dix Ages de la Vie.* Ici encore nous savons que la pièce rapporta à chaque acteur trois livres et demie, mais nous devons nous résigner à ne pas en connaître l'action et le développement. C'était sans doute une revue satirique, dans le genre de celles qui nous ont été conservées par la peinture à la *Wartbourg.* La pièce fut si goûtée qu'elle fut reprise plusieurs fois dans le courant du siècle.

En 1532, on représenta, toujours à Colmar, le *Fidèle Eckart,* du même poète ; dix-huit ans plus tard, pendant le carnaval de 1550, les documents qui nous ont été conservés signalent un drame biblique tiré de l'Ancien Testament, et qui avait pour sujet le célèbre *Tobie.* Pendant l'hiver de 1571, on donne une pièce tirée de la mythologie grecque : *Le Jugement de Pâris ;* en 1573 (15 et 16 mai), on représente sur le parvis de l'église collégiale de Saint-Martin, une tragédie chrétienne, qui était une véritable biographie dramatisée, comme l'indique le titre : *Histoire de Saint Jean-Baptiste, le Précurseur de Jésus, depuis sa naissance jusqu'à sa décollation.*

C'est la dernière représentation dont les archives de Colmar nous aient conservé le souvenir. L'œuvre était composée en vers libres ; elle était considérable, car elle était jouée en deux journées consécutives. Cent cinquante bourgeois paraissaient sur la scène, preuve

(1) Hélas, les anciennes archives, au lieu de nous renseigner sur la valeur littéraire des pièces et sur leurs auteurs, relatent en détail ce que la représentation rapporta à chaque artiste. Alors, comme trop souvent aujourd'hui, c'est par l'état de la caisse qu'on jugeait de la valeur d'un drame. Ainsi nous ne pouvons savoir ni qui adapta l'ancien poème de *Hildebrand* à la scène, ni qui traduisit le bas-allemand en patois du Haut-Rhin. Nous ignorons si la tradition primitive fut respectée, si l'on conserva les *allitérations* qui donnent à la vieille épopée germanique une saveur particulière. Mais nous savons très exactement que chaque jeune fille d'Ammerschwihr, qui fit le voyage pour prendre part à la représentation comme figurante, ou simplement pour y assister comme spectatrice, reçut une petite gratification. Les textes nous informent même que les généreux citadins n'oublièrent pas le cocher et lui offrirent un pourboire de trois sols et demi.

qu'alors déjà le peuple aimait les pièces à grand spectacle et réclamait
une multitude de figurants. L'auteur est un pédagogue, le « maître
d'école latin » André Meyenbrunn, qui paraît avoir imité un drame plus
ancien sur saint Jean-Baptiste, représenté à Soleure en 1549. Les relations de l'Alsace avec les pays voisins, et surtout avec la Suisse, deviennent toujours plus nombreuses. L'instruction se répand de plus
en plus. Le théâtre en plein air perd quelque chose de son caractère
populaire et tombe entre les mains des prêtres et des clercs. L'imprimerie commence déjà à répandre les productions du théâtre alsacien,
car nous savons d'une façon certaine que la pièce de *Jean-Baptiste* fut
imprimée à Strasbourg chez l'éditeur Nicolas Wyriot (1).

Ce qui prouve combien les représentations populaires se généra-
lisèrent rapidement en Alsace, c'est qu'elles durent être bientôt sur-
veillées et sévèrement réglementées. Pour pouvoir jouer une pièce ancienne ou nouvelle, il fallait demander aux autorités de la ville ou de
la région une permission en règle. Toute pièce devait être soumise à
la censure. Nous savons, par exemple, qu'en 1636, plusieurs notables
citoyens de la jolie petite ville de *Guebwiller*, au pied du ballon de ce
nom, voulurent donner une représentation populaire sur la place du
marché. Tous les préparatifs étaient terminés. Mais, soit par oubli,
soit par négligence, on avait omis de soumettre la pièce choisie à la
censure du prince abbé et de demander au prévôt l'autorisation exigée
en pareil cas. En dépit des protestations des acteurs et du mécontente-
tement de la population, la représentation fut interdite ; les cahiers de
rôle furent saisis ; les organisateurs furent frappés d'une amende considérable. On voit que dame censure faisait des siennes dès le commencement du XVI siècle.

Après Colmar et Guebwiller, la petite ville de *Thann*, dans la pittoresque vallée de la Thur, entre à son tour en scène. Mais les temps ont
changé. La Réforme a pénétré en Alsace (2). Elle a divisé la population
en deux camps opposés. Les polémiques religieuses sortent de l'en-
ceinte des églises pour pénétrer dans le drame profane. Le théâtre po-

(1) Pour plus de détails sur les antiques représentations de Colmar, voir la
savante étude de M. X. Mossmann, *les Origines du théâtre à Colmar*, 1878.

(2) La Réforme se répandit assez rapidement dans le Haut-Rhin, grâce à la
proximité des domaines wurtembergeois de *Horbourg* et de *Riquewihr*. Dès
1523, l'imprimeur Amand Farckall fit paraître à Colmar quelques écrits de
Luther. En 1530, le « Magistrat » de la ville crut devoir se justifier auprès de
l'empereur Charles-Quint du reproche de favoriser la Réforme. En 1568, il fallut
accorder aux protestants *l'église des Récollets*, qui jusqu'alors appartenait à la
ville. Mais ce n'est qu'en l'année 1575 que le protestantisme obtint définitivement
droit de cité à Colmar.

pulaire prend un caractère de plus en plus parénétique. Sur le parvis de la vieille cathédrale, plus légère et plus ajourée encore que celle de Strasbourg, les tréteaux en plein vent deviennent une tribune véritable d'où on lance l'anathème contre la Réforme. Les auteurs des pièces populaires ne sont plus des paysans, interrompant pour quelques semaines leurs travaux champêtres ; ce sont surtout des jésuites, des dominicains, des carmes. La langue perd quelque chose de son caractère populaire et devient plus savante. Les lettrés, les intellectuels de l'époque, voient dans le théâtre en plein air le meilleur moyen de faire pénétrer leurs idées dans les masses. Un professeur de rhétorique du collège des Carmes, le père Figenbach, fait jouer une pièce satirique portant le titre caractéristique de : *La glorification de l'Edit de Nantes*. Nous sommes à une époque postérieure à la révocation du célèbre édit, probablement aux environs de 1689. Si nous n'avons pas de détails précis sur le sujet de la pièce du père Figenbach, nous savons du moins que le théâtre de Thann fut prospère jusqu'à la fin du xviie siècle. C'est encore à l'œuvre d'un prêtre que s'adressèrent les derniers applaudissements. En 1699, le R. P. Kœnig fit représenter une comédie en trois actes, *Hérode et Marianne*, dont le succès est relaté par les antiques annales de Thann (1), entre le bilan des récoltes de l'année et l'odyssée fantastique d'un ver solitaire aux proportions inouïes, qui tourmentait une petite fille nommée Ursule (2).

Ce fut la dernière œuvre populaire de quelque importance dont nous sachions qu'elle fut représentée sur le parvis de la cathédrale de Thann.

La plus grande partie des archives de Strasbourg ayant été détruites par le bombardement, il ne nous a plus été possible de rechercher

---

(1) La ville de Thann est l'une des localités les mieux partagées en fait d'anciennes chroniques. Elle possède des *Annales* extrêmement curieuses en ancien allemand et en latin, qui vont du 3 août 1182 au 26 décembre 1700. Cette chronique a pour titre : *Annales oder Jahr-Geschichten der Baarfüsseren oder Minderen Brüdern S. Franc. ord. insgemein* Conventualien *genannt, zu Thann.*

Elle est écrite par un Franciscain laborieux et savant du couvent de Thann, le R. P. Malachie Tschamser, qui réunit lui-même, en 1714, les matériaux recueillis pendant quatre siècles par ses prédécesseurs. (*Cartulaires des Franciscains de Thann.*)

La chronique commence par un récit très curieux de la naissance et de la vie de saint François d'Assise et relate, à côté de détails sans importance, les principaux faits et gestes des citoyens de la ville et ceux des grands événements de l'histoire européenne dont l'écho est parvenu jusque dans le couvent.

(2) Voici comment s'exprime la *Chronique* de Thann au sujet de la pièce du R. P. Kœnig, sous la rubrique MDCXCIX : « R. P. Georg Kœnig lusit « *Herodem et Mariannam* » pro Comedia auth. cum applausu. »

dans quelle mesure la capitale du Bas-Rhin suivit l'exemple de Colmar, de Guebwiller et de Thann. Il serait surprenant que cette florissante cité fût restée en dehors du mouvement littéraire que nous avons constaté, dès le XVIIe siècle, dans des localités moins importantes. Les pièces tirées de l'ancienne littérature germanique y furent probablement plus nombreuses qu'à Colmar ou à Thann.

Quant à la république de Mulhouse, elle semble être restée hostile aux représentations populaires. A l'époque où le théâtre en plein air florissait à Colmar, à Guebwiller et à Thann, les préoccupations religieuses divisaient la ville. Sous l'influence de Nicolas Prugner, qui y jouissait de l'estime de Zwingle, d'Ulrich de Hutten, qui s'y était réfugié, de Jean Hofer, chapelain de la cité, les doctrines réformées y prédominèrent dès 1530. Le rigorisme dans lequel s'enfermait la vaillante cité, isolée au milieu d'une population catholique, était peu favorable à l'éclosion d'un théâtre populaire. Les goûts artistiques y prirent une autre direction. L'histoire, l'érudition y remplaça le drame. La littérature populaire se réduisit à des *Satires* ou *Basquilles* très mordantes, qui paraissaient chaque année, et qui sont comme une sorte de revue comique des principaux événements de l'année. Composées quelquefois sous la forme de dialogues vifs et animés, elles forment des saynètes en miniature, de véritables petites « comédies à cent actes divers ».

On le voit, par ses origines, le théâtre populaire alsacien remonte assez loin dans le passé. Mais la tradition littéraire ne s'est pas perpétuée depuis la fin du moyen âge jusqu'à nos jours. Elle paraît avoir été interrompue au XVIIIe et pendant presque tout le XIXe siècle, période qui forme dans son histoire une grande solution de continuité.

Du reste, les troubles de la Révolution, les campagnes du Consulat et de l'Empire faisaient naître des préoccupations plus graves. Le goût pour les représentations naïves et le gros sel du théâtre populaire disparaît chez les classes dirigeantes, et les paysans n'ont plus le loisir de s'occuper des choses de la scène. Placés entre deux grandes littératures, les théâtres alsaciens s'éloignent peu à peu de la veine populaire, pour représenter, tantôt des pièces françaises, tantôt des œuvres allemandes. Les dialectes de l'Alsace sont abandonnés comme langue de la scène. On peut dire que le théâtre alsacien comme tel n'existe plus.

A peine trouvons-nous deux ou trois exceptions pendant les trois premiers quarts du XIXe siècle. Tel le *Lundi de Pentecôte* (*Pfingstmontag*) d'Arnold (1) (1780-1829), grande comédie bourgeoise en vers

(1) Jean-Georges-Daniel Arnold était doyen de la Faculté de droit de l'Université de Strasbourg.

alexandrins, rendue célèbre par Gœthe (1). Telle encore, en 1825, la
tragédie historique de Spindler, *Grandeur civique*, dont le sujet est
l'héroïsme de la célèbre Anna Melcker, l'épouse de Henri Schoen, qui,
en 1590, sauva la ville de Mulhouse sur le point d'être prise par les
ennemis. Telles enfin, à Colmar, quelques pièces du pâtissier Mangold,
qui s'inspira du *Lundi de Pentecôte* d'Arnold, et dont la douce bonhomie, la simplicité de bon aloi, l'amour de la nature et du pays
natal, l'esprit narquois et satirique ont un charme particulier et une
saveur de terroir que nous ne retrouverons plus avant la fin du
xixᵉ siècle (2).

Mais ces tentatives restèrent isolées. A mesure que nous avançons
dans le xixᵉ siècle, nous voyons les directeurs de théâtres municipaux
se mettre de plus en plus à la remorque des théâtres de Paris. Toute
pièce, qui avait eu quelque succès sur une scène de la capitale, est représentée dans l'année à Mulhouse, à Strasbourg ou à Colmar. Des
troupes parisiennes récoltent un succès facile dans leurs tournées à
travers l'Alsace. Le dialecte du pays est si dédaigné qu'on l'abandonne
aux domestiques, aux paysans et aux ouvriers. Le poète mulhousien
Lustig (3) lui-même, aujourd'hui célèbre par ses comédies et ses
pièces humoristiques en patois, se sert jusqu'en 1870 presque uniquement des langues française et allemande. Le pasteur Adolphe Stœber,
fils du poète Ehrenfried Stœber, compose de charmantes poésies dans
le dialecte du Haut-Rhin ; mais, malgré un talent dramatique peu
commun, une finesse et un goût remarquables, il cultive surtout la
poésie historique et religieuse et n'écrit pas pour le théâtre. Son frère,
Auguste Stœber (4), a laissé une petite œuvre charmante, *Une fête à*

---

(1) Cette pièce, quoique fort longue et presque sans intrigue, eut un très
grand succès et fut jouée dans presque toute l'Alsace au milieu du xixᵉ siècle.
Elle est écrite dans le dialecte de Strasbourg avec quelques scènes en patois du
Haut-Rhin. Le vers est l'alexandrin classique avec une césure sévère après la
sixième syllabe.

La pièce renferme des détails charmants, comme par exemple la réponse d'une
jeune fille s'écriant, lorsqu'on la menace d'envoyer son fiancé aux galères :

... Que m'importe, je l'y suivrai !

mot que Gœthe compare au fameux « qu'il mourût ! » de Corneille.

(2) Les principales pièces de Mangold sont : *L'Éloge du célibat* (*S'Lob vom
ledige Stand*), avec musique de Heyberger, 1860 ; *Un triple Mariage* (*Die
dreifach Hochzitt em Bäsethal*), 1863 ; *Jean et Marguerite mariés* (*D'r
Hans un's Gretele im Ehestand*), 1869 ; *L'Automne ensorcelé* (*D'r verhäxt
Herbst*), avec musique de Weckerling, 1876.

(3) 1840-1895.

(4) Né à Strasbourg le 9 juillet 1808, mort à Mulhouse en 1884, Auguste Stœber
fut conservateur du musée historique de Mulhouse et bibliothécaire de la ville ;
il avait débuté comme simple instituteur et s'était rapidement élevé à l'enseignement secondaire.

l'Auberge du Soleil qui luit pour tout le monde (1), qui est pour les
Mulhousois ce que le *Lundi de Pentecôte* d'Arnold est pour les Strasbourgeois : l'héritage des ancêtres, l'expression artistique des souvenirs du « bon vieux temps », l'œuvre populaire par excellence. Reprise
l'hiver dernier par le *Théâtre Alsacien de Mulhouse*, la pièce a prouvé
qu'elle est toujours actuelle et toujours goûtée, puisqu'elle est une
peinture exacte des mœurs alsaciennes. Mais Stœber lui-même ne
considérait sa petite pièce que comme une esquisse, un simple tableau
de mœurs ; pour lui, le drame en patois n'était qu'une récréation
après les travaux scientifiques. L'histoire, la philologie l'occupèrent
presque exclusivement. Ses grands travaux relatifs à l'Alsace sont
écrits en allemand ou en français. Partout, à l'église comme à l'école,
au théâtre comme dans la société aristocratique et bourgeoise, le patois est refoulé par la langue littéraire.

Ce n'est pas là, comme on l'a cru à tort, l'effet d'une pression quel-
conque de la part du gouvernement français, mais un phénomène général dans notre pays pendant les deux premiers tiers du xixᵉ siècle.
Partout, en Normandie, en Bretagne, en Gascogne, en Provence, nos
littératures régionales, nos patois provinciaux sont refoulés sous l'effet
de la centralisation absolue rêvée et organisée par Napoléon Iᵉʳ.

Ce n'est que depuis peu d'années que nous assistons à un véritable
réveil du patriotisme local, endormi pendant près d'un siècle. Dans
nos différentes provinces, on recommence à s'intéresser à l'histoire,
aux traditions, à la langue et à la littérature de la petite patrie dans
laquelle on est né et où l'on a vécu. Nos nouvelles Universités régionales ont puissamment contribué à ce mouvement, et déjà on peut
entrevoir le moment où chaque Faculté des lettres aura ses cours
d'histoire, de langue et de littérature locales.

Il eût été surprenant que les Alsaciens, qui ont toujours été parti-
culièrement attachés aux traditions, aux légendes, à la langue et à la
littérature de leur petit pays, fussent restés en dehors de ce mouvement.

À ces raisons générales venait s'ajouter, chez les Alsaciens an-
nexés, une circonstance particulière qui devait tendre, elle aussi, à
raviver le patriotisme local.

Passionnément attachées à la France, les anciennes familles alsaciennes avaient tenu à rester fermées à toutes les influences germa-
niques. On évitait d'aller au théâtre, tant qu'on ne pouvait y assister

---

(1) *E Firôve im e Sundgauer Wirthshüs*, mot à mot, *Une soirée de fête
dans une auberge du Sundgau*, avec musique de Joseph Heyberger (1835-
1892), l'ancien professeur et chef de solfège du Conservatoire de Paris, l'artiste
distingué qui dirigea longtemps les chœurs de l'Opéra-Comique et du Théâtre-
Lyrique.

qu'à des pièces allemandes, jouées par des acteurs allemands, et cela, non comme le prétendent certains auteurs allemands, parce qu'on ne comprenait pas suffisamment le haut-allemand (1), mais par attachement pour la France et pour la langue française.

Longtemps les classes cultivées s'isolèrent ainsi, conservant l'espoir de voir arriver une ère nouvelle. Mais les années passaient. Un peuple ne peut s'absorber indéfiniment dans un espoir qui ne se réalise pas. On croyait remarquer que la France elle-même commençait à oublier et n'en voulait plus autant à l'Allemagne.

Alors on se replia sur soi-même. Puisqu'on ne pouvait redevenir Français et qu'on ne voulait pas devenir Allemand, on se souvint qu'on était avant tout Alsacien. Le premier moment de stupeur une fois passé, on se plongea dans l'histoire d'Alsace, dans la littérature locale; on organisa des expositions régionales (2); on fit mieux connaître les richesses de l'art alsacien à travers les siècles; des publications artistiques superbes popularisèrent les chefs-d'œuvre, anciens ou modernes, des maîtres alsaciens (3). On se remit à cultiver le patois national, si longtemps abandonné. Puisque le français était proscrit dans la patrie de Bruat, de Rapp et de Kléber, c'était bien le moins que le dialecte indigène, ou plutôt les dialectes indigènes, y fissent entendre leurs rudes et pittoresques accents. C'était au fond un biais heureux — et permis — pour échapper à la germanisation. On avait enfin trouvé un terrain sur lequel tous les partis pouvaient se rencontrer amicalement.

La profession de foi de la *Société du Théâtre mulhousien* est très caractéristique sur ce point : « Endormie, dit-elle, depuis de longues années, l'Alsace, ayant enfin repris conscience de sa valeur et de la situation qu'elle devait occuper, se réveille du sommeil léthargique dans lequel elle était plongée presque pendant des siècles. Un courant d'idées nouvelles et bienfaisantes pousse généralement le peuple alsacien à secouer sa torpeur maladive et lui donne la force de caractère nécessaire pour pouvoir, une bonne fois, revendiquer pour lui son dialecte et les signes caractéristiques qui lui sont propres. Quoi de

(1) Par exemple M. Erich Grupe-Lœrcher, dans une étude sur *Gustave Stoskopf*, publiée dans la Revue illustrée *Velhagen und Klasings Monatshefte*, XVI, 5, janvier 1902, pp. 555-560. Cf. un article de M. Curtius, ancien préfet (*Kreisdirektor*) de Thann, dans la *Deutsche Rundschau*, vol. 100, juillet 1899 : *Poesie und Politik im Elsass*, pp. 25-33.

(2) Voir notre article dans la *Poste* de Berlin sur les Beaux-Arts à l'Exposition de Strasbourg, septembre 1894.

(3) Les éditeurs Schlesier et Schweikhardt surtout ont fait beaucoup pour populariser les chefs-d'œuvre de l'art alsacien. Ils viennent d'entreprendre la publication du célèbre *Hortus Deliciarum*, de l'abbesse Herrade de Landsberg, avec ses ravissantes miniatures du xiie siècle.

plus beau que de se vouer au culte des souvenirs ? C'est pour atteindre ce but qu'a été fondé à Strasbourg un théâtre populaire, connu sous le nom de *Théâtre alsacien de Strasbourg.* Louable initiative qui a trouvé son écho d'un bout de l'Alsace à l'autre et notamment à Mulhouse, la vieille cité au glorieux passé, où vient de se fonder une société similaire sous le titre de *Théâtre alsacien de Mulhouse.* »

En réalité, le théâtre alsacien a donc pour origine l'effort d'un peuple qui commence à se ressaisir lui-même. C'est un épisode de la lutte discrète, mais continue et ardente, contre ceux qui voudraient anéantir la patrie alsacienne dans le sein de l'empire allemand. L'Alsace a toujours été très individualiste. Elle n'a jamais voulu se laisser entièrement absorber par l'un de ses deux puissants voisins. Or, depuis quelques années, on a eu le sentiment très net que, pour ne pas se laisser envahir et absorber par les flots du germanisme ambiant, on devait affirmer sa personnalité et son individualité, et que, pour cela, il fallait à tout prix se distinguer des immigrés toujours plus nombreux. Et, comme tout se tient dans l'histoire d'une province, le théâtre national devait se servir exclusivement du patois alsacien. « Lorsque leur pays fut incorporé à l'Allemagne, dit avec beaucoup de raison M. Anselme Laugel, dans sa belle étude sur le *Théâtre populaire de Strasbourg,* les Alsaciens eurent le sentiment secret que, pour continuer cette affirmation d'eux-mêmes, il fallait qu'ils se distinguassent des nouveaux compatriotes que les lois de la guerre leur avaient donnés. L'usage du français leur étant interdit, et la langue officielle ne suffisant plus pour établir la distinction qu'ils voulaient affirmer, ils devaient en arriver forcément à cultiver et, pour ainsi dire, à ennoblir ce patois national qui leur constitue une particularité incontestable (1). » Ce besoin si naturel de sauver sa nationalité et d'affirmer son individualité propre, qui s'était manifesté déjà dans le domaine de l'art, de la politique et de l'économie sociale, devait tôt ou tard triompher au théâtre.

CHAPITRE II

Les débuts et l'organisation du nouveau théâtre alsacien

Si le nouveau théâtre populaire de l'Alsace est né du désir intense qu'éprouvaient les habitants d'affirmer leur nationalité, c'est encore ce patriotisme local qui a été la cause de son succès ; c'est lui qui fait sa force et qui lui donne une garantie de durée.

Ses débuts sont des plus modestes, et même, il faut bien le reconnaître, les premières tentatives ne furent pas heureuses, tant il est vrai

(1) *Le Théâtre Alsacien, les Théâtres de Colmar et de Mulhouse,* dans la *Revue alsacienne illustrée,* mars 1901, p. 88 ; cf. du même auteur : *Le Théâtre alsacien de Strasbourg,* dans la même revue, 1900.

que, pour réussir, un mouvement littéraire doit se produire au moment favorable et correspondre au besoin net et précis d'une population entière.

Vers l'année 1892, il y avait à Strasbourg deux Sociétés d'amateurs, qui se plaisaient à jouer de petits drames pour charmer les longues soirées d'hiver.

La première de ces Sociétés, la *Vogesia*, convoquait ses invités à la salle de la *Réunion des Arts*; elle jouait surtout de petites comédies en un acte ou des farces populaires, souvent aussi des œuvres françaises d'auteurs modernes. L'autre association dramatique, la *Theatralia*, donnait des représentations analogues dans une salle de l'hôtel du Soleil. La scène était étroite et mal installée, l'espace réservé aux invités petit et mal éclairé. C'est à peine si deux cent cinquante spectateurs auraient pu s'y installer confortablement ; or, il y avait souvent quatre à cinq cents personnes qui se pressaient dans ce local trop étroit. « Quelques becs de gaz, écrit M. Paul Acker, avec sa verve habituelle, au *Correspondant* (1), jetaient une lueur blafarde ; l'atmosphère était étouffante, et, à chaque instant, des mouchoirs trempés épongeaient le visage gouttelant de sueur. Installés sur des chaises, des bancs, grimpés sur les saillies des murs, accrochés aux poutres, accroupis sur les marches de l'escalier qui conduisait aux galeries ou à cheval sur la rampe, les spectateurs enthousiasmés applaudissaient à tout rompre. » Il est vrai que, dans les commencements, les places réservées ne coûtaient que vingt pfennigs ou cinq sous ; plus tard, les demandes ayant de beaucoup dépassé le nombre des places disponibles, les prix montèrent à soixante pfennigs, soit près de soixante-quinze centimes.

Ce succès cependant fut éphémère. Ni la *Vogesia*, ni la *Theatralia* ne firent fortune. Mal organisées, ces Sociétés ne réussirent pas à suivre une direction une, à se donner des lois et des règlements que tous fussent disposés à observer (2). « Semblables aux nations que nulle autorité n'est assez puissante pour diriger, dit encore M. Paul Acker dans sa remarquable étude, elles connaissaient les pires tribulations. La terrible ambition de l'administrateur, doublée de la vanité des comédiens, allumait chaque jour, parmi les membres de ces Sociétés, des discussions, des querelles, presque des rixes. Nulle dis-

(1) Dans un court article où il raconte d'une façon très humoristique un voyage à Strasbourg pendant l'hiver 1901 à 1902 ; v. le *Correspondant*, tome CCVI, nouvelle série, tome CLXX, 25 janvier 1902, p. 337-338. Comparez l'*Introduction* de Max Lundner au petit volume allemand : *Das Elsæssische Theater zu Strassburg im Elsass*, Strasbourg, 1901.

(2) Cf. *Velhagen und Klasings Monatshefte*, XVI, 5, p. 556-557, et l'*Introduction* déjà citée de M. Max Lundner, p. 5-6.

cipline n'existait ; chacun voulait agir à sa guise ; et si, par hasard, un règlement était établi, il semblait ne l'avoir été que pour être aussitôt violé ! L'anarchie régnait en souveraine absolue sur ces petites confréries (1). »

Bientôt la *Theatralia* et la *Vogesia* durent se dissoudre. Une autre association, qui leur succéda en 1896, le *Theater Club de Strasbourg*, n'eut pas une plus longue durée. Recruté d'éléments hétérogènes, ce club était dirigé par un poêlier, M. Conrad. « On peut être bon fumiste et mauvais directeur », dit plaisamment de lui M. Acker (2). La discorde se mit entre les membres du club, qui mourut comme ses prédécesseurs (3).

De toutes les œuvres représentées par ces Sociétés d'amateurs, une seule méritait réellement les applaudissements dont on l'avait saluée à la Réunion des Arts. C'était précisément l'ancienne comédie d'Arnold, le *Lundi de Pentecôte*, qui permettait une amusante exhibition de costumes empruntés aux garde-robes des ancêtres. Le comique de l'œuvre, son cachet essentiellement populaire, les caractères des personnages, les scènes prises sur le vif, tout était propre à provoquer l'enthousiasme de spectateurs longtemps privés de ces jouissances littéraires. On y retrouvait les habitudes des citadins et les préjugés des villageois, les plaisanteries chères à la jeunesse et les proverbes aimés des vieillards, les jeux favoris des enfants et les occupations de l'âge mûr. On aimait à se transporter à l'époque regrettée de la domination française, à voir des tableaux vivants du vieux Strasbourg, avec ses rues étroites, ses maisons à pignon élevé, ses places animées ou bruyantes, ses auberges et ses promenades ! Beaucoup de scènes de cette ancienne pièce prenaient une actualité qui faisait vibrer les cœurs : les personnages principaux, un Strasbourgeois familiarisé avec le régime français et un Allemand immigré, échangeaient quelquefois des idées auxquelles les événements qui suivirent donnaient une signification tragique. On se plaisait surtout à entendre sur la scène les différents dialectes populaires, celui du Bas-Rhin comme celui de la Haute-Alsace, celui de la bourgeoisie aussi bien que celui des paysans, celui des ecclésiastiques et celui des israélites.

Tout cela devait fournir des indications précieuses à ceux qui sauraient profiter des expériences passées.

(1) *Le Correspondant*, 25 janvier 1902, p. 338.

(2) *Ibidem.*

(3) Outre les Sociétés que nous avons citées, il s'en forma d'autres moins importantes, telles que l'*Argentina* et l'*Humoristica*, preuve que le besoin d'un théâtre populaire était général à Strasbourg vers la fin du XIXe siècle.

Si éphémères que furent ces associations dramatiques, elles prou
vaient une chose, c'est que le goût du théâtre populaire commençait à
renaître en Alsace et qu'il était possible, facile même, de trouver un
public disposé à applaudir des pièces en dialecte alsacien et à faire
vivre un théâtre exclusivement national. Et surtout elles indiquaient
la voie à suivre, en montrant quel genre de pièces le public réclamait.
Tout était donc prêt pour la naissance d'un théâtre populaire. Qu'un
homme se lève et donne à ces éléments divers, désireux de se réunir,
une organisation sérieuse, en même temps forte et libérale, et l'on
verra ce que peut faire le patriotisme local et l'initiative privée sous
une direction expérimentée et intelligente.

Cet homme fut M. Alexandre Hessler, l'ancien directeur du théâtre
municipal de Strasbourg, homme énergique et habitué de longue date
aux choses du théâtre. Il groupa autour de lui les meilleures forces
des associations disparues. Avec quelques amis, il conçut et esquissa
le plan de l'entreprise dans ses grandes lignes. Bientôt M. Greber et lui
convoquèrent en assemblée générale les auteurs qui s'étaient le plus
distingués dans les représentations précédentes. Ils indiquèrent avec
feu les services que pourrait rendre un théâtre populaire et décrivirent
avec enthousiasme les désirs du public ; instruits par les expériences
passées, ils mirent en lumière l'utilité d'une bonne discipline ; et surtout
ils insistèrent sur la nécessité de jouer, non pas des pièces françaises ou
allemandes, mais exclusivement des œuvres nationales, composées
dans la langue du pays. « Là, dirent-ils, est notre raison d'être, la
condition de notre succès et la garantie de notre durée ! »

Leur voix fut entendue. Un comité se forma. Le juriste Greber fut
nommé président, le peintre Stoskopf vice-président, le journaliste
Hauss secrétaire, et M. Hessler directeur et régisseur du nouveau
Théâtre alsacien. On était à la fin de février 1898. Le théâtre populaire était fondé. Il ne lui manquait plus, pour exister légalement, que
d'être officiellement reconnu.

Le 30 mars de la même année, un arrêté du préfet (Kreisdirektor)
de la Basse-Alsace approuvait les statuts de la nouvelle Société et
autorisait l'ouverture du nouveau Théâtre alsacien.

Ces statuts ont été formulés avec tant de réflexion et d'expérience
qu'ils ont eu force de loi pour le *Théâtre alsacien de Strasbourg*,
depuis sa fondation jusqu'à nos jours. Ils pourraient servir de modèle
à tous ceux qui veulent créer un théâtre populaire.

Tout d'abord ils indiquent le but que la Société se propose d'atteindre : c'est de cultiver et de perfectionner le dialecte du pays et
d'offrir une scène convenable aux meilleurs auteurs alsaciens ; c'est
surtout de procurer au public, à des prix modérés, des récréations
saines et honnêtes, en mettant à la portée de tous des pièces morales
et bien composées.

L'association comprend des *membres actifs* et des *membres honoraires*. Les premiers sont les auteurs et les acteurs des deux sexes : ils
ont seuls le droit d'assister avec voix délibérative aux assemblées
générales. Les seconds sont les amis de l'œuvre, qui veulent contribuer
au succès du théâtre populaire par une cotisation annuelle. Ils jouis-
sent de certains avantages lors des représentations, mais ils n'ont
aucune action effective sur l'administration de l'œuvre.

A la tête de la Société se trouve le *Comité directeur*. Il est composé
du *président*, du *vice-président*, du *secrétaire*, du *caissier*, du *bibliothécaire*, chargé de veiller à la conservation du matériel, et de *quatre
membres*, nommés pour une année, mais rééligibles. Seul un vote de
l'assemblée générale peut relever de leurs fonctions les cinq premiers
membres du comité directeur ; et encore faut-il que les deux tiers au
moins des membres actifs aient assisté à l'assemblée et que les trois
quarts des sociétaires présents aient voté contre le comité — nous
allions dire contre le gouvernement — conditions qu'il sera souvent
difficile de réaliser.

L'administration du *Théâtre alsacien* comprend ainsi, comme celle
de nos nouvelles Universités, un élément permanent et un élément
passager. Au *Conseil* de chaque Faculté, comprenant uniquement les
professeurs titulaires et inamovibles, correspondent les cinq premiers
membres du *Théâtre alsacien*, nommés à vie, sauf révocation pour
faits graves. A l'*Assemblée* de nos Facultés, comprenant tous les
maîtres, titulaires et chargés de cours, agrégés et maîtres de conférences (1), correspond l'ensemble du conseil, avec ses membres per-
manents et ses quatre membres annuels.

On voit combien les organisateurs ont eu soin de doter leur
Société d'une administration forte et permanente, capable de donner
à leur entreprise l'esprit de suite nécessaire à toute œuvre durable.
L'association du *Théâtre alsacien* est une république, c'est vrai, mais
elle a un gouvernement fort et durable, qu'il est difficile de renverser.
L'échec des tentatives précédentes avait prouvé à M. Alexandre
Hessler qu'une entreprise théâtrale ne peut réussir qu'à une condition :
c'est d'avoir la stabilité nécessaire à toute entreprise appelée à vivre
de ses propres ressources.

Mais l'organisation d'un comité directeur permanent était la partie
la plus facile de la tâche qui s'imposait à notre vaillant et entreprenant
administrateur. Ce qui était bien autrement difficile, c'était *l'organi-*

(1) Voir pour l'organisation de nos Universités le beau livre de M. Liard :
L'Enseignement supérieur en France (1789-1893), tome II, 1894, p. 412, et notre
étude : *Die französischen Hochschulen seit der Revolution. Ein Beitrag
zur Geschichte der französischen Universitæten*, Munich, 1896, Librairie académique.

sation intérieure de cette petite république, dont les membres s'étaient volontairement groupés, sans autre but que de procurer à leurs compatriotes des récréations morales et littéraires.

Comment éviter les discussions et les querelles entre des amateurs aux goûts et aux talents divers ? Comment faire taire l'amour-propre, la vanité et l'ambition personnelle d'hommes et de femmes qu'aucune communauté d'intérêts n'avait réunis jusqu'alors ? Comment astreindre à la régularité du service un personnel ayant d'autres occupations que celles du théâtre ? Etait-il possible de concilier les nécessités d'un métier qui fait vivre avec les exigences de la scène qui repose et délasse ? Comment obtenir la régularité aux répétitions ? Comment écarter les non-valeurs sans froisser les susceptibilités ? Comment surtout distribuer les rôles sans blesser l'amour-propre des membres actifs de la première heure ? Comment, en un mot, faire respecter les règlements établis et maintenir une discipline rigoureuse entre des hommes libres qui s'étaient spontanément associés ? Tel était le problème le plus difficile à résoudre, et la disparition des théâtres antérieurs prouvait que la solution n'était pas facile à trouver. Voyons comment M. Hessler y a réussi.

Tout d'abord le règlement intérieur du *Théâtre alsacien de Strasbourg* cherche à éliminer les artistes de second ordre, en stipulant que les sociétaires sont nommés par le comité directeur et devront avoir déjà fait leurs preuves. Pour permettre à de jeunes talents de se faire connaître, le comité peut nommer des candidats à titre provisoire et pour une année. Cette période d'essai une fois terminée, ces stagiaires seront admis définitivement, ou bien on leur conseillera paternellement de renoncer à la scène. Pour éviter des changements trop brusques dans le personnel, il est stipulé que tout sociétaire devra s'engager vis-à-vis du comité par un traité qui le lie au moins pour une année entière.

La partie la plus intéressante du règlement intérieur est ce traité lui-même, qui engage les artistes vis-à-vis de l'administration de l'œuvre. Les acteurs promettent de suivre les recommandations du directeur et de consacrer au *Théâtre alsacien* toute leur activité comme artistes, c'est à dire de ne pas jouer sur d'autres scènes sans l'autorisation du comité. Cependant, en cas de force majeure, dont le comité reste seul juge, un sociétaire peut obtenir la résiliation de son engagement, après avoir prévenu l'administration trois mois à l'avance. Mais le règlement spécifie qu'en aucun cas des jalousies ou des querelles au sujet d'un rôle confié à un acteur, des susceptibilités d'amour-propre froissé ou des rivalités quelconques ne pourront être présentées comme des raisons suffisantes pour résilier le contrat qui lie un sociétaire vis-à-vis du théâtre. Les acteurs sont tenus de faire connaître au président leurs changements d'adresse, les voyages qu'ils seraient obligés d'entreprendre, les maladies qui pourraient les atteindre. Ils doivent informer le président des motifs qui viendraient les empêcher de jouer un rôle à une représentation projetée. En outre, le comité directeur conserve toujours le droit d'exclure un sociétaire qui entraverait la bonne marche du théâtre par son esprit d'indiscipline ou qui ne remplirait pas consciencieusement ses engagements.

C'est encore ce comité qui choisit, parmi les pièces proposées, celles qui lui paraissent dignes d'être jouées. C'est lui qui décide quels sociétaires pourront participer aux bénéfices ; car il y a deux sortes de sociétaires, ceux qui n'ont qu'une rémunération fixe, relativement minime, et ceux qui ont, à la fin de chaque exercice, leur part dans les bénéfices de l'entreprise. Et l'on devine combien le moment d'avoir droit à cette participation est impatiemment attendu de tous les nouveaux sociétaires.

Les débutants du *Théâtre alsacien* ont donc trois degrés à franchir pour arriver au terme de leur carrière artistique : le stage, ordinairement réduit à un an, les années plus ou moins nombreuses de sociétariat sans participation, et enfin la période de sociétaire intéressé, véritablement associé à l'entreprise.

Tous les sociétaires, quels que soient leurs titres et leur ancienneté, ont le droit de voter aux assemblées générales et prennent part aux fêtes données par la direction du théâtre.

On voit que les organisateurs ont cherché à s'entourer de toutes les garanties nécessaires, tout en laissant à chaque membre la liberté et l'indépendance compatibles avec la bonne marche de l'entreprise.

La page la plus curieuse du contrat est certainement celle qui traite des sanctions.

Chaque fois qu'un acteur fait, par sa faute, du tort à une représentation, il est passible d'une amende qui peut atteindre soixante marks (près de soixante-quinze francs), pour des rôles importants, quarante marks (cinquante francs) pour des rôles moyens, et vingt marks (vingt-cinq francs) pour les plus petits rôles. De même, une amende sérieuse est infligée à tout acteur qui n'aurait pas assisté à une répétition, sans avoir prévenu le régisseur et sans excuse jugée valable par celui-ci. D'autres infractions au règlement sont tarifées de la même façon, mais on nous assure que depuis environ quatre ans que le théâtre fonctionne, elles ont été rarement nécessaires, et que l'harmonie n'a cessé de régner parmi les membres du nouveau théâtre, tant il est vrai qu'une forte organisation et une discipline rigoureuse sont les meilleures garanties de concorde et de paix.

Cette législation du *Théâtre alsacien de Strasbourg* servit de modèle à toutes les Sociétés dramatiques qui se constituèrent depuis quatre ans en Alsace, et notamment aux théâtres populaires de Colmar et de Mulhouse. Ce n'est pas le moindre mérite de M. Alexandre Hessler d'avoir su trouver, du premier coup, le type véritable du régime intérieur d'un théâtre populaire. A Colmar, cependant, les acteurs ne voulurent accepter aucune rétribution et — il faut le dire à l'honneur de la troupe — les bénéfices des nombreuses représentations, données soit à la ville soit à la campagne, sont toujours intégralement versés au bureau de bienfaisance.

Comme il convient à des acteurs qui n'ont en vue qu'un but artistique et patriotique, la Société du *Théâtre populaire de Colmar* accorde un soin tout particulier à la beauté et surtout à l'exactitude des décors, à l'exécution parfaite des détails ; en un mot, elle fait tous ses efforts pour observer la vérité historique et la couleur locale, aussi bien au point de vue de la mise en scène qu'au point de vue des costumes. A Mulhouse, le caractère patriotique du *Théâtre alsacien* fut encore mieux mis en lumière que dans les Sociétés précédentes, comme l'indique nettement le passage du manifeste que nous avons cité. Quelques-unes des personnalités les plus influentes de la ville ne dédaignèrent pas de prêter leur concours à l'œuvre naissante. M. Pierre Schlumberger, le grand industriel, le philanthrope distingué, voulut bien accepter la présidence d'honneur de l'association, et M. Gustave Gide fut nommé président (1). Moins d'un an après les débuts du *Théâtre alsacien de Strasbourg*, Mulhouse avait aussi son théâtre populaire, organisé à peu près de la même façon. Là aussi va se développer une vie artistique intense ; des concours vont encourager les jeunes auteurs en leur offrant des prix importants ; et le *Théâtre populaire de Mulhouse* va refléter l'image de toutes les préoccupations industrielles, commerciales et sociales de la laborieuse cité.

Mais n'anticipons pas et revenons au Théâtre de Strasbourg. Il a acquis droit de cité ; il est en possession d'une législation et d'un règlement intérieur parfaitement conçus jusque dans leurs plus petits détails. Mais une organisation, si parfaite qu'elle soit, ne suffit pas pour créer un théâtre. Il faut encore des fonds et des décors. Ici encore, c'est le public qui fit les frais de l'œuvre. Grâce à son enthousiasme communicatif et à la confiance qu'il savait inspirer, grâce aussi à ses nombreuses relations personnelles, M. Hessler réussit, dans le courant de l'été 1898, à faire souscrire d'avance un grand nombre d'abonnements aux représentations futures. Les sommes ainsi réunies, jointes aux cotisations des membres honoraires, montèrent à trois mille cinq cents marks, près de quatre mille trois cent soixante-quinze francs (2).

Le capital n'était pas énorme et ferait sans doute sourire la plupart de nos directeurs de théâtres parisiens, habitués à manier des fortunes. Mais, pour un théâtre d'amateurs, et surtout comparé aux res-

---

(1) V. *Revue alsacienne illustrée*, mars 1901.
(2) Cf. *Velhagen und Klasings Monatshefte*, janvier 1902.

sources des associations précédentes, la somme était considérable. En tant que preuve de la bonne volonté du public, un tel résultat était plus significatif encore ; car les personnes qui, en plein été, sont disposées à souscrire à l'avance pour des représentations à venir, dont on ne connaît encore ni la date, ni les pièces, ni les auteurs, ces personnes ne sont pas nombreuses, même dans nos plus grandes cités.

Les sommes recueillies furent suffisantes pour acquérir les décors les plus indispensables : une ferme alsacienne avec ses dépendances, les instruments aratoires et les ustensiles nécessaires pour garnir une cour, quelques costumes alsaciens du bon vieux temps, des rouets et une petite provision de chanvre, quelques tableaux d'occasion et tout ce qu'il faut pour garnir sommairement les deux ou trois pièces d'une maison de paysan ou une auberge de village. Tout cela, on l'espérait bien, disposé selon les besoins du moment et enrichi d'accessoires nouveaux, devait pouvoir servir à de nombreuses représentations du même genre. Et ce milieu caractéristique et champêtre, derrière lequel on verrait se dessiner à l'arrière-plan les lignes arrondies des Vosges, devait produire sur la scène un effet plus pittoresque et plus charmant que les décors les plus merveilleux de nos plus brillantes féeries. Car, ne l'oublions pas, l'Alsacien aime, plus que personne, à retrouver au théâtre, dans leur simplicité vraie et rustique, les scènes et les paysages qu'il connaît ou au milieu desquels il a passé son enfance.

Telles sont les origines, tels sont les débuts du théâtre populaire en Alsace. Si les unes nous en imposent par leur ancienneté, les autres sont, on le voit, bien modestes.

Nous avons vu naître et grandir le désir d'un théâtre national et populaire. Nous avons vu ce besoin se généraliser et se développer peu à peu. Nous l'avons vu prendre une forme concrète par la création de Sociétés littéraires et dramatiques de plus en plus nombreuses. Nous avons vu enfin les débris des associations disparues se reconstituer sous l'impulsion puissante et enthousiaste d'un organisateur habile ; nous avons vu cette Société nouvelle s'organiser, se donner des lois et acquérir les fonds nécessaires à son installation.

Mais tout cela n'était assurément que l'ensemble des *conditions extérieures* d'un théâtre populaire. L'essentiel manquait encore. On n'avait pas d'auteurs connus : Arnold n'avait pas fait école. On n'avait pas d'acteurs expérimentés : les amateurs des diverses associations déchues n'étaient que des débutants. Et, par dessus tout, on manquait d'œuvres vraiment populaires, surtout de pièces en patois alsacien. L'antique *Lundi de Pentecôte* ne pouvait suffire, à lui tout seul, à alimenter, pendant une saison entière, un théâtre où le public ne pourrait guère se renouveler ; et, après le succès qu'il avait obtenu à la Réunion dés Arts, on ne pouvait guère songer à le reprendre immédiatement. Sauf de rares exceptions, les autres œuvres n'étaient guère que des saynètes sans importance, des vaudevilles en un acte ou des farces grotesques, dans lesquels le dialecte n'était le plus souvent qu'un moyen d'exciter l'hilarité (1).

Il restait à créer des pièces capables de remplir une soirée entière, des drames qui fussent réellement l'expression des sentiments populaires dans ce qu'ils ont de plus caractéristique ou de meilleur, des œuvres qui eussent en quelque sorte la couleur et le parfum du milieu où elles devaient naître ; car cela seul pouvait leur donner une valeur littéraire et une portée générale. Il fallait arriver à identifier si bien la forme et le fond, la langue et les sentiments, que le dialecte alsacien apparût comme le revêtement nécessaire des mœurs et des aspirations de l'Alsace ; et si, comme l'espéraient les vaillants organisateurs du *Théâtre alsacien*, les œuvres devaient franchir les limites de la province, il fallait que les caractères fussent assez fortement tracés pour être reconnus comme des types, même en dehors du pays qui les aurait vus naître.

Au point de vue des *conditions essentielles*, des conditions *littéraires*, tout restait donc à créer pour ainsi dire *ex nihilo*.

Eh bien, il va suffire de peu de temps, d'un peu d'enthousiasme et de beaucoup d'efforts individuels, pour réunir ces trois conditions indispensables à un théâtre national et populaire : des auteurs, des pièces, des acteurs. N'est-ce pas là une preuve que, quand le terrain est préparé, quand le moment est favorable et quand le sentiment national d'une province se réveille, l'initiative privée fait plus que la protection gouvernementale ou les académies littéraires ?

CHAPITRE III

LES PRINCIPAUX POÈTES DU THÉÂTRE ALSACIEN

« Nous verrons bien », s'était écrié, à l'issue de la première assemblée générale, l'un des sociétaires du nouveau *Théâtre alsacien*, auquel on confiait l'embarras où l'on se trouvait pour découvrir des

---

(1) L'emploi du patois sur la scène n'est pas une nouveauté au théâtre. Nous le rencontrons fréquemment dans les drames réalistes allemands de Sudermann et de Hauptmann. Il y en a des exemples même chez Molière. Mais en général, du moins en France, le patois était réservé aux paysans, aux ouvriers et aux domestiques, et ces personnages patoisant remplissaient des rôles purement burlesques. Dans le théâtre alsacien, au contraire, le dialecte va servir à exprimer les sentiments les plus élevés, les plus tragiques : il va s'élever à la hauteur d'une langue littéraire, et c'est précisément en cela que consiste l'originalité de ce théâtre populaire.

pièces qui ne fussent ni françaises, ni allemandes, en un mot des œuvres qui fussent uniquement alsaciennes par la langue et par les sentiments.

C'était un tout jeune homme, appartenant à une ancienne famille alsacienne de Brumath. Il s'appelait Gustave Stoskopf. Dès sa jeunesse, il avait manifesté un goût prononcé pour le dessin et pour la poésie satirique. Trouvant que la littérature n'offrait pas de carrière assez assurée, il avait étudié la peinture sous la direction de G. Lefèbvre et de Benjamin Constant, et était déjà l'un des paysagistes les plus distingués de l'Alsace. Mais il était resté poète à ses heures et avait publié une série de poésies populaires en dialecte alsacien. Sa facilité à s'exprimer en patois, sa connaissance approfondie des mœurs et des habitudes du pays, son talent d'observation, sa verve comique et satirique, tout le désignait pour le théâtre alsacien. Il se mit au travail, et, en moins d'un an, il put tenir la promesse qu'il avait faite aux organisateurs des représentations populaires en créant du premier coup une pièce vraiment alsacienne et vraiment populaire, *Monsieur le Maire*.

Si M. Stoskopf est le poète comique et humoristique du théâtre strasbourgeois, M. Jules Greber en est le poète dramatique et tragique. L'auteur de *Monsieur le Maire* est un artiste qui excelle dans la peinture des détails ; M. Gréber a, plus que son ami, l'expérience du théâtre. C'est presque le seul des jeunes auteurs du théâtre strasbourgeois qui ait fait des études classiques au sens le plus complet du mot, c'est à dire gréco-latines. Lors de la création du *Théâtre alsacien*, il n'avait que vingt-neuf ans, mais déjà il était docteur en droit et avait une situation au tribunal de Strasbourg. Quelques comédies humoristiques l'avaient fait connaître dans les salons de cette ville. Il ne tarda pas à écrire pour le théâtre populaire deux drames émouvants, *Lucie* et *Mademoiselle Princesse*, dans lesquels il ne craint pas de flageller certains abus de nos sociétés contemporaines.

Autour de ces deux créateurs du *Théâtre alsacien de Strasbourg* vinrent bientôt se grouper quelques auteurs comiques ou satiriques qui ont contribué, eux aussi, à élever le dialecte de leur province à la hauteur d'une langue littéraire.

Au premier rang il faut placer M. Ferdinand Bastian, l'auteur du *Jardinier aux Millions*, le type du vieil avare égoïste, et d'un drame social, *Le Forgeron de Village*, qui nous fait assister à la lutte de l'esprit de routine contre une industrie naissante.

Un membre alsacien du Parlement allemand, M. Charles Hauss, n'a pas dédaigné de traduire pour le théâtre populaire quelques-uns des chefs-d'œuvre d'Erckmann-Chatrian, et c'est le cas de dire qu'un bon interprète a souvent autant de mérite qu'un auteur original.

Parmi les derniers venus des auteurs alsaciens, ceux qui paraissent avoir le plus d'avenir sont MM. Charles Abel et René Prévôt, les deux auteurs du *Moulin de la Forêt*. Ils suivent plutôt la voie indiquée par M. Greber dans sa *Lucie* que celle de M. Stoskopf dans ses œuvres humoristiques. Ils ne cherchent pas avant tout à exciter le rire par des quiproquos amusants, mais ils s'efforcent de trouver un conflit tragique dans la vie du peuple ou dans l'histoire.

On dirait qu'avec eux le théâtre populaire de l'Alsace tende à se rapprocher du drame historique, et, depuis un an, le public semble les suivre avec plaisir dans cette voie.

On sent que le théâtre strasbourgeois, après avoir conquis droit de cité en Alsace, commence à s'adresser à un public moins restreint et va franchir bientôt les limites de sa province.

Tandis que le théâtre populaire de Strasbourg évoluait ainsi, les sociétés analogues de Colmar et de Mulhouse voyaient se révéler à leur tour de jeunes talents qui leur permirent bientôt d'ajouter des pièces originales aux inévitables traductions d'Erckmann-Chatrian.

Le *Théâtre alsacien de Colmar* possède M. Hanc, l'auteur d'une comédie très humoristique, *Notre Ferdinand*, qui contient l'une des plus belles ballades de nos littératures contemporaines, et d'un drame plus important et mieux composé, *Rien que l'Amour*.

Le *Théâtre alsacien de Mulhouse* a hérité des pièces en dialecte haut-rhinois d'Auguste Lustig, le spirituel auteur de vingt comédies, dont quelques-unes au moins sont pétillantes d'esprit et joignent un sens très réel du théâtre à une verve et à une bonne humeur inépuisables. Si le spirituel et aimable journaliste n'a plus vu les beaux jours du théâtre populaire de Mulhouse, il semble avoir légué une partie de sa verve et de son humour à M. Alfred Weiss, dont les premières œuvres sont des tableaux de mœurs ou des scènes burlesques prises sur le vif.

Mais déjà dans son drame historique avec chants intitulé *Fischlin* et tiré d'une nouvelle de M. Gustave Gide, le successeur de Lustig entre dans une voie nouvelle. Cette pièce, qui met en scène une trentaine de personnages, est la plus importante du théâtre mulhousien et a eu un très grand succès. L'œuvre nous présente quelques-uns des souvenirs du vieux Mulhouse, tel qu'il était en 1558, et place dans ce milieu historique une action intéressante, vive et vraiment dramatique.

M. Weiss paraît donc avoir suivi la même évolution que le théâtre populaire de Strasbourg, s'élevant peu à peu du genre comique et du vaudeville au drame plus sérieux et plus émouvant.

On le voit, ce ne sont pas les auteurs qui manquent au *Théâtre alsacien*. C'est peut-être plutôt une tradition et une direction une et homogène. Chacun a suivi sa voie selon ses goûts, son éducation, le milieu où il a vécu et quelquefois, il faut bien le reconnaître, selon

le succès du moment. Aussi la variété et le pittoresque ne sont-ils pas
le moindre charme du théâtre populaire dont nous allons étudier les
drames les plus importants.

CHAPITRE IV

LES ŒUVRES PRINCIPALES DU THÉÂTRE ALSACIEN

Avant les comédies de M. Stoskopf, la première pièce du nouveau
Théâtre alsacien de Strasbourg fut une traduction de *L'Ami Fritz*,
d'Erckmann-Chatrian, bientôt suivie des *Rantzau*, par les mêmes auteurs. Tous ceux qui connaissent les deux romans des aimables con-
teurs lorrains — et qui ne les a pas lus? — devineront combien les
sujets de ces œuvres se prêtaient à une représentation théâtrale en
patois alsacien. Sous leur nouvelle forme, ces pièces font l'effet de
véritables drames originaux, tant les sentiments qu'elles expriment,
les scènes qu'elles représentent, le milieu tout entier est essentiellement alsacien.

Mais la première pièce originale de quelque importance fut *Monsieur le Maire* de M. Gustave Stoskopf, représentée pour la première
fois le 27 novembre 1898 et qu'on vient de jouer à Paris. Mieux qu'aucune autre œuvre, cette comédie donne une idée nette et précise de ce
qu'est le théâtre alsacien, avec ses scènes de village, ses situations
comiques, ses bons mots, sa satire quelquefois mordante et sévère.

Dès le commencement de la pièce, nous sommes transportés en
plein village alsacien. Le maire de l'endroit nous est présenté en quelques traits caractérisques. C'est un villageois « arrivé ». Jusqu'à
treize ans, il a suivi les cours du collège de Pfalzbourg. Puis son père
l'a envoyé à Nancy « pour y apprendre le *savoir-vivre* ». Aussi peut-il
se vanter d'être « un homme cultivé ». Mais ce qui le remplit surtout
d'un orgueil facile à comprendre, c'est son activité comme maire du
village. « Sans me vanter, dit-il, je suis maire depuis vingt-cinq ans,
j'ai eu cinq prix à des expositions bovines, je suis membre de l'association des anciens soldats, j'assiste à toutes les conférences agricoles,
j'ai chaudement recommandé aux paysans l'engrais artificiel, je tire
poliment mon chapeau devant Monsieur le gendarme, depuis vingt-
cinq ans je n'ai pas manqué un seul repas en l'honneur de l'Empereur
et j'ai toujours travaillé pour le candidat du gouvernement. »

Tel est notre maire de village. Il se donne tout entier, avec son
amour-propre naïf et ses travers comiques. Son ambition est d'être
décoré et le moment paraît peu éloigné où il verra son rêve se
réaliser. Déjà le préfet de Strasbourg lui a annoncé la visite d'un neveu, M. Muller, docteur en philosophie, et c'est plein d'espoir que le
premier magistrat du village attend les événements.

Mais notre maire a encore d'autres soucis. Il a deux filles à marier.

Il destine à l'aînée le fils unique d'un gros propriétaire des environs. Ce jeune homme a la réputation d'être encore plus sot qu'il n'est riche, ce qui n'est pas peu dire. Mais qu'importe à Monsieur le Maire ? Ce qu'il recherche pour sa fille, c'est la situation.

Telle n'est pas l'idée de la jeune fille. Elle tient bon et résiste à son père. Elle est secondée par sa sœur Marie qui, elle aussi, a besoin de secours. Pendant un séjour à Strasbourg, Marie a fait la connaissance d'un jeune philologue allemand, le docteur en philologie Freundlich, et elle déclare à son père qu'elle n'épousera jamais qu'un jeune homme de la ville.

Cependant on attend la visite annoncée par le préfet allemand. Dans l'esprit du maire, la crainte s'associe à l'espoir. Sera-ce bien la décoration tant désirée ? Ou bien le parti de l'opposition aurait-il fait quelque rapport défavorable contre lui ? Aurait-on appris qu'il a un arrière-cousin qui est officier français ? Aurait-on découvert qu'il a fait partie de la garde mobile pendant le bombardement de Strasbourg ? Ou quelque mauvaise langue aurait-elle raconté qu'il vote en secret contre le gouvernement ?

On voit combien le caractère de Monsieur le Maire est finement analysé.

Cependant les événements se précipitent. Le prétendant de Marie, le docteur Freundlich, arrive avant que la jeune fille ait pu vaincre l'opposition de son père. Marie lui dépeint les dangers qu'il court, la colère de son père, si cette visite est découverte. Elle le supplie de fuir au plus vite. Mais il est trop tard. Déjà le maire arrive. Les deux jeunes filles ne trouvent qu'un moyen de sauver le jeune homme : c'est de le faire passer pour le neveu du préfet, le docteur Muller, dont la visite est attendue. Grande est la joie du maire qui fait visiter à son hôte toutes les curiosités du village : les plus belles écuries, les plus grands pigeonniers, les nouveaux instruments aratoires.

Le pauvre docteur est obligé de se laisser promener d'étable en étable, de grange en grange, et de faire semblant de comprendre quelque chose à l'agriculture. Mais il lui arrive une foule de mésaventures qui le font baisser peu à peu dans l'estime de Marie. Elle retrouve un jeune Alsacien dont elle a fait la connaissance lorsqu'elle était en pension et qui lui plaît mieux que le docteur allemand, notant pour son lexique les expressions caractéristiques du patois alsacien.

Pour comble de malheur, le véritable cousin du préfet arrive. La mystification est découverte. Le pauvre philologue ne sait quelle contenance prendre. Les choses tourneraient mal pour lui, si, au moment le plus critique, le docteur Muller, le véritable neveu, ne reconnaissait en M. Freundlich un ancien camarade d'études. Marie explique la mystification. Le maire est mis en bonne humeur par la décoration apportée par l'envoyé de la préfecture. Il renonce à imposer à ses

filles des maris qui ne sont pas de leur goût. Marie se fiance avec le
jeune homme qu'elle a aimé comme jeune pensionnaire, et Marguerite
préfère un aimable garçon du village voisin au riche paysan que lui
destinait son père. Et le maire donne son consentement à tout : « C'est
trop à la fois, s'écrie-t-il au moment où on lui attache la croix sur la
poitrine, chevalier ! moi chevalier !... L'adjoint en sera malade de
jalousie... Monsieur l'assesseur du gouvernement, vous êtes un ange...
Et vous, enfants, vous pouvez épouser celui qui vous plaira ! »

Telle est la pièce qui a fait la réputation du *Théâtre alsacien* et dont
la jeune association de Strasbourg a célébré, il y a quelques mois, la
cinquantième représentation.

Dans cette œuvre tout est plein de vie et de naturel. Avec ses caractères fortement tracés, ses traits comiques, ses scènes prises sur le vif,
elle a su donner à un personnage essentiellement populaire l'intérêt et
la portée générale d'un type véritable.

La qualité principale de la pièce est l'humour. L'auteur présente ses
personnages sans esprit de critique et sans enthousiasme, tels qu'ils
sont dans la réalité.

Et pourtant, malgré leur anodine gaieté, ces scènes si vraies pro-
duisent sur nous l'impression d'une satire très vive. Il semble que,
sans le vouloir, et uniquement par l'effet des circonstances, l'auteur
devienne un poète satirique.

On dirait qu'il y a des situations, des moments dans la vie d'un peuple où il est difficile de ne pas faire de satire et où la représentation
pure et simple de la réalité se transforme en critique d'autant plus vive
qu'elle paraît moins voulue.

A ce point de vue, la pièce de M. Stoskopf acquiert une portée plus
générale et une valeur historique incontestable. Elle restera, dans
l'histoire littéraire de l'Alsace, l'image fidèle d'une période aussi tragique et aussi émouvante que celle du premier déchirement lui-
même.

L'art de tracer un caractère en quelques traits rapides, telle est encore
la qualité dominante de la pièce suivante de M. Stoskopf, *Le Candidat*.
Cet épicier enrichi, briguant une place au conseil municipal, qui se
moque du bien public et ne songe qu'à ses intérêts personnels, est encore un type qu'on croit reconnaître. Malheureusement, l'auteur n'a
pas toujours persévéré dans la voie où il était entré avec ses deux premières comédies. Bien souvent il a préféré les moyens faciles d'exciter
le rire à l'évolution d'un caractère. Dans *Le Voyage à Paris*, ce défaut
est déjà très sensible. Ces deux familles strasbourgeoises, brouillées
pour un fauteuil et un cor de chasse, qui font toutes deux semblant
d'aller à l'Exposition et vont en réalité passer une dizaine de jours

dans un petit village près de Bâle, ont certainement des aventures très comiques qui expliquent le succès de la pièce en Alsace et même à Paris. Mais beaucoup de détails sont positivement exagérés et sortent du domaine de la vérité qui doit rester le principal mérite de tout théâtre populaire.

Ce manque de naturel est encore plus manifeste dans l'avant-dernière pièce de M. Stoskopf, *Le Parti aux Millions*. Tout est forcé dans les aventures burlesques de ce jeune paysan devenu tout à coup millionnaire. Sa naïveté grotesque, sa gaucherie stupide, l'amabilité mêlée de platitude des soi-disant cousins dans leur « chasse au gendre », seraient bien plus réellement populaires si elles étaient moins exagérées.

Fort heureusement M. Stoskopf semble avoir retrouvé la bonne voie dans la pièce que le théâtre de Strasbourg a montée cet hiver. *Le Prophète* est peut-être l'œuvre la plus puissante et la plus émouvante de l'auteur. C'est l'histoire d'un jeune idéaliste qui habite une petite ville perdue au pied des Vosges. Léonard Frey rêve de faire jouir ses concitoyens de quelques-uns des avantages de la civilisation moderne. Mais il se heurte contre la sottise ou la servilité des paysans, contre les intérêts matériels de quelques gros bonnets de l'endroit et contre l'esprit de routine de tous. Le conflit éclate dès qu'il est question de relier la localité au reste du monde par un chemin de fer. Le maire de l'endroit, qui tient une grande auberge et est chargé du service de la poste, voit son commerce menacé. Tous ceux qui vivent du service de la diligence, charrons, forgerons, selliers, charretiers et gargotiers, montent une cabale contre le promoteur de l'idée nouvelle. C'est en vain que la fille du maire, la charmante Marguerite, la fiancée de Léonard, cherche à apaiser son père. On accuse le pauvre réformateur d'être l'auteur d'un incendie qui a dévoré la ferme de son principal adversaire. Toutes les apparences sont contre lui. Son rival prétend l'avoir vu sauter par dessus la haie. On a trouvé sur les lieux un calepin qui appartient à Léonard et que son adversaire a su habilement glisser sous une haie de la propriété ravagée par le feu. L'accusé ne peut fournir d'*alibi*, ne voulant pas trahir sa fiancée avec laquelle il a passé la soirée de l'incendie. Il est garrotté, mis en prison. Sa pauvre mère meurt de chagrin. Sa fiancée est enfermée, malade, dans un couvent. Léonard est jugé par le tribunal du chef-lieu du département. Sa condamnation n'est plus douteuse. Déjà le procureur a terminé son discours et demandé la condamnation du prévenu. Déjà son défenseur a prononcé une plaidoirie émue. Déjà les jurés se sont réunis pour délibérer, quand la fiancée de Léonard apparaît dans la salle d'audience. Elle s'est échappée du couvent où on l'avait enfermée. Elle crie à haute voie l'innocence de son fiancé. Elle apporte la preuve de l'*alibi* de Léonard. Le jugement est revisé. Les vrais coupables, c'est à dire le rival de Léonard et le père de Marguerite, sont emprisonnés à la place du réformateur. Mais la vie des deux jeunes gens est brisée à tout jamais. Marguerite, dont le père s'est pendu en prison, met à exécution l'un des projets de son fiancé en fondant un hospice pour les vieillards. Quant à Léonard, il quitte le pays natal ; il parcourt le monde ; et, partout, on repousse avec dédain ses rêves charitables. Vingt-cinq ans plus tard, il revient au pays, épuisé et malade, pour mourir à l'hospice créé et dirigé par celle qu'il a tant aimée. Mais ses rêves se sont réalisés en dépit des intérêts coalisés. Et, avant de mourir, le prophète peut voir serpenter au fond de la vallée la fumée blanche et légère du chemin de fer qui a anéanti son bonheur et celui de sa fiancée.

Le drame nous apparaît donc comme une image de l'éternel conflit entre les réformes nécessaires et la routine unie aux intérêts matériels de quelques privilégiés. Il nous montre comment, presque toujours, ceux qui sont en avance sur leur temps tombent victimes de la haine ou de la superstition. Ainsi il prend, comme *Monsieur le Maire*, une portée générale et universelle. Ici encore, le héros est devenu un type général. C'est l'éternelle victime qui veut remonter le courant et qui est broyée par les forces coalisées contre elle.

Les œuvres de M. Greber sont aussi variées que celles de M. Stoskopf. Si ce dernier excelle dans les pièces humoristiques, M. Greber est supérieur dans les drames qui posent quelques-uns des plus grands problèmes de nos sociétés modernes.

De même que *Monsieur le Maire* a été pour nous le type de la comédie populaire, de même le drame de *Lucie* va nous donner une idée de ce nouveau genre plus dramatique et plus émouvant. Il nous montrera combien une pièce populaire peut devenir pathétique.

Le tailleur de pierre Engel est une victime du manque de travail et de l'alcoolisme. Ce vice a plongé toute sa famille dans la misère. Sa femme s'est rendue malade par excès de travail et est en train de devenir poitrinaire. La fille aînée, Lucie, très jolie brune de 18 ans, s'est efforcée de gagner quelque argent pour aider à élever sa petite sœur Berthe, qu'elle chérit plus que tout au monde. Mais son travail était si mal rétribué qu'il ne payait pas la lumière, et elle commence à se laisser entraîner dans une mauvaise voie. Tout cet intérieur nous est présenté sous les couleurs les plus vraies, dans l'une de ces maisons peuplées d'ouvriers malheureux, telles que nous en avons tant dans nos grandes villes. Pour compléter le tableau, au-dessus de la famille Engel agonise un pauvre ouvrier, victime du travail, dont les derniers moments sont encore troublés par le bruit de l'ivrogne.

La petite sœur de Lucie, Berthe, une gracieuse enfant de huit ans, n'a pas encore été contaminée par ce milieu dangereux. Elle est l'enfant gâtée de sa grande sœur qui se priverait du nécessaire pour la faire instruire et surtout pour l'empêcher de suivre la voie où elle-même s'est engagée.

Et ainsi nous avons, dès le début, un trait qui relève Lucie à nos yeux et qui est en même temps d'une profonde vérité : la pauvre jeune fille tombée est encore accessible à quelques-uns des plus beaux sentiments ; elle partage ce qu'on lui a donné avec sa pauvre mère et avec sa petite sœur ; elle paie les vêtements et la pension de Berthe ; elle contribue même à entretenir son misérable père.

Et lorsqu'un certain docteur Bajolewsky, qui fait la traite des blanches et qui cherche à recruter des jeunes filles pour un établissement mal famé de l'Amérique du Sud, fait à Lucie les offres les plus séduisantes, c'est encore la petite Berthe dont la prière va retenir la jeune fille au foyer paternel. Lucie est sur le point de renoncer à la vie de plaisir qu'elle a menée pendant quelques mois et de rentrer dans la bonne voie. Elle a promis à l'abbé Mülberg de se remettre au travail et de tenir désormais les promesses qu'elle lui a faites lors de sa première communion.

Et voici qu'au moment où la jeune fille semble sauvée par son amour pour sa petite sœur et par les efforts d'une charité intelligente, une maladresse de la police des mœurs va l'arrêter dans la voie du relèvement et la replonger dans le vice. Elle reçoit une citation à comparaître pour rendre compte de sa conduite. Elle ne sait que trop bien ce qui l'attend. Son orgueil se révolte contre cette honte qui va la faire descendre au rang des femmes tombées. Effarée, atterrée, elle n'a plus qu'une idée : échapper à la condamnation et à la honte qui la menacent. Aussi, lorsque le docteur Bajolewsky, qui connaît bien le cœur humain et pressent la possibilité d'un changement, fait une dernière démarche pour enlever la jeune fille, Lucie saisit ce dernier moyen d'échapper à la honte imminente. Elle part pour l'Amérique, laissant sa pauvre mère et sa petite sœur dans le plus profond désespoir.

Ainsi, dans *Lucie*, comme dans *Monsieur le Maire*, la critique naît en quelque sorte irrésistiblement de l'exposition des faits. L'auteur ne fait pas de théorie. Il se contente d'être poète. Mais le lecteur, comme l'auditeur, en veut à cette police maladroite et aveugle qui vient anéantir l'œuvre de relèvement commencée par la charité. Par l'opposition des caractères et le conflit des événements, la pièce devient une leçon de prudence et de circonspection, de tolérance et de pardon. Elle nous montre que relever la pauvre pécheresse vaut mieux que de l'enrégimenter dans l'armée du vice et, surtout, qu'il faut se garder d'imposer trop vite à la pauvre femme tombée la marque indélébile qui l'empêchera à tout jamais de reprendre rang parmi les femmes honnêtes.

Le sujet est trop délicat pour pouvoir être approfondi davantage sur la scène. Mais M. Greber a été aussi loin qu'on peut aller au théâtre sans dépasser les limites de la décence. Il aime à nous faire réfléchir à ces problèmes angoissants, dont la solution est si difficile à trouver.

Dans une autre pièce, *Elisabeth*(1), il pose même de la façon la plus nette le problème du mariage libre. La plus grande partie du drame est une apologie des mariages légitimes en face des mariages irréguliers. Et pourtant l'œuvre semble montrer qu'il y a des cas où, le mariage légitime étant rendu impossible à cause des formalités exigées par la loi, mieux vaut encore le mariage libre que de chercher dans le suicide un moyen d'échapper à des devoirs sacrés ou que de séparer à jamais deux cœurs faits pour s'aimer et pour se comprendre.

Dans *Mademoiselle Princesse*, M. Greber approfondit un problème non moins tragique. Il nous montre une jeune fille, choyée de ses parents, élevée d'une façon supérieure à sa condition, qui aime le fils d'un riche commerçant et est aimée de lui. Le jeune homme la séduit pendant une entrevue habilement ménagée par la tante et par la propre mère de la jeune fille, qui espéraient créer ainsi des liens indissolubles. Mais le séducteur, en butte à la colère de son père, abandonne la jeune fille. Cependant la faute de Jeanne — c'est le nom de *Mademoiselle Princesse* — peut être cachée aux yeux du monde. Elle est adorée par un brave ouvrier qui demande sa main. Pourvu que le mariage soit hâté, le fruit de la faute sera considéré comme l'enfant légitime du nouveau père. Au point de vue d'une morale de convention, tout sera réparé et bientôt oublié.

Mais M. Greber ne peut se contenter de cette réparation toute extérieure. Eh quoi ! Jeanne aura-t-elle le courage de tromper son mari en lui apportant ce qu'un autre a possédé avant lui ? Pourra-t-elle le regarder en face lorsqu'il lui jurera fidélité ? L'enfant ne sera-t-il pas un éternel reproche aux yeux de la mère coupable ? Ne lui rappellera-t-il pas toujours le souvenir de la faute commise et de celui qui s'est lâchement enfui, après avoir satisfait son besoin de plaisir ? Peut-il y avoir un bonheur véritable sur la base d'un mensonge ou d'un manque de sincérité ? Tels sont les scrupules qu'une conscience éclairée ne pourra s'empêcher d'éprouver.

M. Greber nous pousse à les analyser et il donne à son héroïne le courage de tout avouer à celui qui allait l'épouser, de renoncer à un honneur extérieur qui n'aurait existé qu'aux yeux du monde. Il lui donne même le courage plus grand peut-être de renoncer au suicide, dont elle avait caressé l'idée, et de vivre pour sa pauvre mère et pour son enfant.

De même que M. Stoskopf a trouvé sa voie dans la représentation

(1) La pièce a paru dans la *Revue alsacienne illustrée* de 1903.

fidèle des mœurs de la campagne et dans la description d'un caractère populaire, de même M. Greber nous paraît avoir trouvé la sienne dans l'art de poser un problème social ou une grande question de morale. Nous l'aimons moins lorsqu'il revient au vaudeville, comme dans *Le Lieutenant d'un jour* ou dans *Madame et la Bonne*. On dirait qu'il lui faut un effort pour imiter le ton populaire de M. Stoskopf. Habitant de la grande ville, il a moins vu les paysans chez eux. On sent parfois percer l'observateur qui va étudier les mœurs des campagnards en amateur, plutôt qu'il n'a vécu au milieu d'eux. Aussi peut-on souhaiter que chacun des deux poètes persiste dans la méthode qui concorde le mieux avec son génie propre et qui lui a si bien réussi dans les deux grandes œuvres que nous avons étudiées.

Quoi qu'il en soit, *Monsieur le Maire* et *Lucie* nous donnent une idée nette et précise des deux genres opposés que cultive le théâtre strasbourgeois. Mieux qu'aucune dissertation théorique, ces deux pièces nous montrent ce qu'il y a dans le nouveau théâtre alsacien d'essentiellement populaire et de réellement comique, d'émotion profonde et d'idées élevées.

Le théâtre populaire en patois ne pouvait guère viser plus haut. En effet, il est obligé de rester dans le domaine des gens qui parlent ce dialecte. Mais la vie populaire est infiniment riche sous son apparente uniformité. Toutes les passions humaines s'y déchaînent et y prennent une intensité plus grande peut-être, ou tout au moins plus spontanée et plus naturelle, que dans nos milieux plus raffinés. Même ainsi limité, le théâtre populaire a encore une variété merveilleuse et une profondeur étonnante. Plus nous en étudions les détails, plus nous en sentons le charme indéfinissable, l'émotion contenue, l'exquise sensibilité ; car partout où il y a une âme qui aime et qui souffre, il y a place pour la poésie tout entière.

CHAPITRE V

LES INTERPRÈTES DU THÉÂTRE ALSACIEN

Pour faire vivre un théâtre populaire, il ne suffit pas d'avoir des pièces appropriées aux besoins du moment : il faut encore trouver et former des acteurs capables de les mettre en valeur, et cela est peut-être plus difficile encore pour des pièces en dialecte que pour des œuvres composées dans une langue littéraire.

Après avoir essayé de donner une idée des auteurs et du répertoire des théâtres populaires de l'Alsace, nous laisserions notre étude incomplète si nous ne disions au moins quelques mots des *interprètes*.

Il semble acquis que des pièces vraiment populaires en patois ne peuvent être bien jouées que par des hommes issus du peuple.

D'abord un dialecte comme celui de l'Alsace est très difficile à apprendre pour quelqu'un qui ne l'a pas entendu et parlé, dès son enfance, comme on apprend et comme on parle sa langue maternelle. Le patois alsacien surtout, germanique par ses origines, mais saturé peu à peu de locutions et de mots français, est si différent du haut allemand moderne qu'un habitant de l'Allemagne du Nord a beaucoup de peine à l'apprendre. Un acteur sorti d'un conservatoire de grande ville aurait à peu près autant de peine à jouer une pièce en patois alsacien qu'un Parisien de Montmartre à apprendre le breton ou le provençal.

C'est dire que c'est dans le pays même qu'il fallait trouver des interprètes et, autant que possible, des interprètes issus des classes populaires où le dialecte est encore la langue courante. Issu de théâtres d'amateurs, le théâtre alsacien devait se recruter surtout parmi des amateurs. C'est ce qui est arrivé. Même à Strasbourg, les interprètes de MM. Stoskopf et Greber ont presque tous des professions manuelles. Les uns sont relieurs ou ouvriers, d'autres commis ou employés de bureau. L'un est dessinateur; un autre tapissier, un troisième commerçant. Les professions dites libérales sont représentées au théâtre populaire comme les professions manuelles. Le créateur du rôle de l'abbé dans *Lucie* est rédacteur de l'un des journaux les plus importants de Strasbourg, et l'un des principaux acteurs de *Patrie*, le drame puissant dû à la collaboration de MM. Greber et Stoskopf, est encore étudiant à l'école supérieure d'architecture de Strasbourg.

Parmi les actrices du théâtre strasbourgeois, nous trouvons la même diversité d'occupations que chez les acteurs. Plusieurs d'entre elles sont employées dans des magasins de Strasbourg. D'autres sont d'excellentes mères de famille ; les plus jeunes sont le bras droit de leur mère, et les triomphes éphémères de la rampe ne les empêchent pas de s'occuper des soins du ménage comme de simples petites bourgeoises.

A Colmar et à Mulhouse, nous retrouvons le même désir de conserver une profession à côté des occupations du théâtre. Ici encore, ce sont surtout des bourgeois ou des ouvriers qui apportent à leurs rôles un enthousiasme de bon aloi, une verve et un naturel inimitables.

Avec de tels acteurs, il n'est pas étonnant que, dans les différents centres artistiques de l'Alsace, les représentations n'aient rien du caractère solennel de nos théâtres de grande ville. On dirait presque une grande réunion de famille. Chaque première est attendue avec sympathie et curiosité. Elle a lieu devant une salle comble, dont les places ont été retenues longtemps à l'avance. Et l'enthousiasme est d'autant plus grand que les acteurs sont connus des spectateurs et qu'il y a comme un courant de sympathie entre interprètes et auditeurs. « Une action et une réaction réciproques, dit un témoin oculaire, semblent se produire entre la scène et les rangs serrés des spectateurs... Le mot d'*art national* a trouvé ici son expression la plus naturelle (1). »

Malgré cette popularité et ce courant de sympathie qui unissait les acteurs au public, une chose manquait encore au théâtre alsacien.

Divisé en trois sociétés indépendantes, dont le siège est dans les trois grandes villes de l'Alsace, il n'avait pas d'unité de vues, pas d'unité d'action. On pouvait même craindre qu'une certaine jalousie ou tout au moins une certaine rivalité ne vînt paralyser les efforts isolés de ces trois centres.

Depuis le 17 juin 1900, l'union tant désirée est un fait accompli.

Sur la proposition de MM. Stoskopf et Greber, les principaux membres des théâtres de Strasbourg, de Colmar et de Mulhouse se réunirent, dans la charmante petite ville de Ribeauvillé, en une fête solennelle, pour y sceller une union durable. Au milieu de la ville en fête et pavoisée comme aux plus grands jours, après avoir fait une excursion ensemble et avoir bu le vin généreux du pays, les directeurs et les administrateurs, les acteurs et les actrices des trois théâtres populaires se promirent un mutuel appui.

Depuis ce moment, aucun nuage n'est venu troubler la concorde générale. Les acteurs de Strasbourg ont joué à Mulhouse et à Colmar; ceux de cette ville ont donné des représentations à Strasbourg et à Mulhouse. Les trois sociétés marchent désormais la main dans la main, n'ayant qu'un seul et même but, le culte de la patrie alsacienne, de sa langue, de son art, de ses mœurs, de sa fidèle et inaltérable loyauté.

CONCLUSIONS

Tel est le théâtre alsacien, avec ses auteurs les plus connus, ses principales pièces, ses interprètes les plus distingués.

Notre brève étude ne peut donner qu'une faible idée de l'activité des organisateurs et des auteurs depuis 1898. En quatre ou cinq ans, le théâtre alsacien a produit, soit à Strasbourg, soit à Colmar et à Mulhouse, plus de cinquante pièces populaires d'inégale longueur. Il est incontestable que, parmi ces œuvres nombreuses, il en est beaucoup qui n'ont pas une grande valeur littéraire.

Comme tout ce qui réussit, les premières œuvres du théâtre de Strasbourg ont fait naître une foule d'imitations qui n'ont ni le carac-

(1) M. LOERCHER, dans la Revue : *Velhagen und Klasings Monatshefte*, XVI, 5, p. 558, col. 1.

tère populaire des comédies de M. Stoskopf, ni la portée morale et sociale des drames de M. Greber.

Bien souvent le gros sel y remplace la fine plaisanterie de la vraie comédie ; nous n'y trouvons plus, ni l'art de décrire un caractère, ni la satire juste et modérée de *Monsieur le Maire* ou de *Lucie*. Quelquefois l'auteur croit faire un drame populaire et réaliste en nous transportant simplement dans la rue ou dans quelque auberge des faubourgs, pour nous faire entendre une série de gros mots ou pour nous faire assister à quelque fête ou à quelque goûter qu'il croit fort intéressants. Il oublie sans doute que l'amateur de ce réalisme fade n'aurait qu'à faire un tour sur les boulevards extérieurs ou dans les auberges de sa localité pour jouir de ce spectacle réconfortant !

Mais les pièces tout à fait insignifiantes ou de très mauvais goût sont relativement rares dans le théâtre de l'Alsace. Les œuvres absolument immorales y sont inconnues. Presque toutes les pièces en patois alsacien renferment au moins un caractère intéressant ou quelques scènes isolées, dans lesquelles apparaissent le bon sens ou la verve comique et satirique du peuple de nos campagnes.

Tel qu'il nous est apparu, avec son amour passionné de la nature et du sol natal, sa conception élevée de l'amour, sa haine du pédantisme et de la pose, ses aspirations morales et religieuses, le théâtre alsacien est bien l'expression des sentiments populaires de l'Alsace.

Henri Becque a dit un jour, non sans une fine ironie, du poète Emile Augier : « Il a deux grandes forces pour lui : le sentiment de la famille et le mépris de l'argent. »

On pourrait dire la même chose du théâtre alsacien. Lui aussi a un amour très vif de la famille et le mépris de l'argent comme tel. Du premier sentiment découle l'attachement au foyer, qui est le siège de la famille, et l'amour ardent de la petite patrie, qui en est le berceau. Au second sentiment se rattache la conception de l'amour désintéressé, qui traverse comme un refrain tout le théâtre alsacien. Tant que ces deux sentiments, l'attachement au foyer natal et l'amour désintéressé, n'auront pas disparu dans notre pays de France, le théâtre alsacien éveillera dans nos cœurs un écho sympathique.

Le théâtre que nous avons étudié nous donne une image vivante et vraie du travailleur alsacien et aussi de la vie populaire en général. Il met en lumière toute la bonhomie tranquille du paysan de l'Alsace, sa résignation un peu fataliste, son enthousiasme devant les spectacles de la nature, son esprit moqueur et narquois, sa persévérance qui va jusqu'à l'obstination ; et en même temps il nous présente des scènes qui sont de tous les temps et de tous les lieux, par leur naïveté et leur naturel. En un mot, le théâtre alsacien est avant tout la reproduction sincère et prise sur le vif de l'âme populaire à un moment donné de l'histoire.

De là le charme indéfinissable et la force entraînante de ce réalisme singulier qui a l'air de s'ignorer lui-même. Il ne sent ni la pose, ni le parti-pris. Il est tout naïf et puise sa force dans cette naïveté même. Au lieu de nous décrire un monde de fantaisie, il nous présente le monde réel et vivant. Il est quelquefois fruste comme la nature, impitoyable et cruel comme la vie elle-même. Il ne craint pas de descendre dans la demeure de la misère et quelquefois du vice, sachant encore y découvrir une étincelle de poésie. Il comprend combien souvent ce n'est que par la souffrance et l'épreuve que l'âme humaine s'épanouit dans toute son harmonieuse beauté ; en un mot, il est l'expression de la pensée et des souffrances du peuple plus que celle de l'esprit du poète.

Car la vraie poésie populaire doit découler des lèvres du chanteur comme les notes mélodieuses s'échappent du gosier de l'oiseau ; elle doit être le rythme même des battements de son cœur et non le résultat de réflexions philosophiques ou psychologiques. Le poète populaire est un homme d'un sentiment profond et délicat. S'il ne craint pas de regarder la réalité en face, il doit avoir en même temps une âme sensible, capable de vibrer à l'unisson des sentiments les plus naïfs et les plus vaporeux ; il doit savoir dégager la poésie féconde de la banalité apparente d'une vie consacrée au travail ; sous les lois rigides et brutales de la nature, il doit apercevoir l'effort individuel qui arrache l'homme à leur cercle inflexible. Il doit savoir comprendre les sensations indistinctes ou fugitives de l'homme et de la femme du peuple, donner une forme concrète à des émotions encore indécises, qui vont parfois jusqu'à la plus exquise sensibilité. Il devra savoir rendre aussi bien la rude énergie du travailleur que la mélancolie rêveuse des ballades populaires. En un mot, il doit avoir vécu de la vie du peuple ; et, quand il aura satisfait à toutes les conditions précédentes, il devra encore s'effacer lui-même et disparaître derrière les personnages qu'il met en scène et les événements qu'il raconte.

Mais nous avons vu qu'il y a dans la vie d'un peuple des moments où la représentation vraie et sincère de la réalité se transforme irrésistiblement en critique d'autant plus vive qu'elle paraît moins consciente et moins voulue. Nous avons vu comment, sous leur anodine gaîté ou dans leur vérité tragique, les comédies de M. Stoskopf ou les drames de M. Greber prennent une valeur historique et sociale incomparable. Ces pièces nous sont apparues non seulement comme des œuvres essentiellement populaires, mais aussi comme l'image fidèle d'une période aussi tragique et aussi émouvante que celle du premier déchirement lui-même. Au charme qu'exerce sur nous tout ce qui touche à la poésie populaire, est donc venu s'ajouter l'intérêt d'une étude de mœurs et d'un véritable document historique.

Et, par dessus tout, le théâtre alsacien nous est apparu comme l'expression concrète et vivante du désir ardent d'un petit peuple qui fait effort pour conserver sa nationalité propre en face des éléments étrangers qui menacent de l'envahir de toute part. Cette tentative d'art populaire, fécondée et vivifiée par le plus généreux patriotisme, est bien la manifestation d'un besoin intense de se ressaisir soi-même, aussi bien dans le domaine de la littérature que dans celui de la politique et de l'économie sociale. C'est une preuve nouvelle de la ténacité d'une petite race que les armes n'ont pu terroriser, que les lois dictatoriales n'ont pu abattre, et qui veut rester elle-même envers et contre tous.

A ce point de vue surtout, le théâtre alsacien a droit à toute notre sympathie, justifiant une fois de plus le mot de Michelet, selon lequel « il n'y a rien de plus français que des populations qui ne parlent point le français, comme nos Basques, nos Bretons et nos Alsaciens. »

TABLE DES MATIÈRES

DOLE-DU-JURA. — IMPRIMERIE GIRARDI ET AUDEBERT.

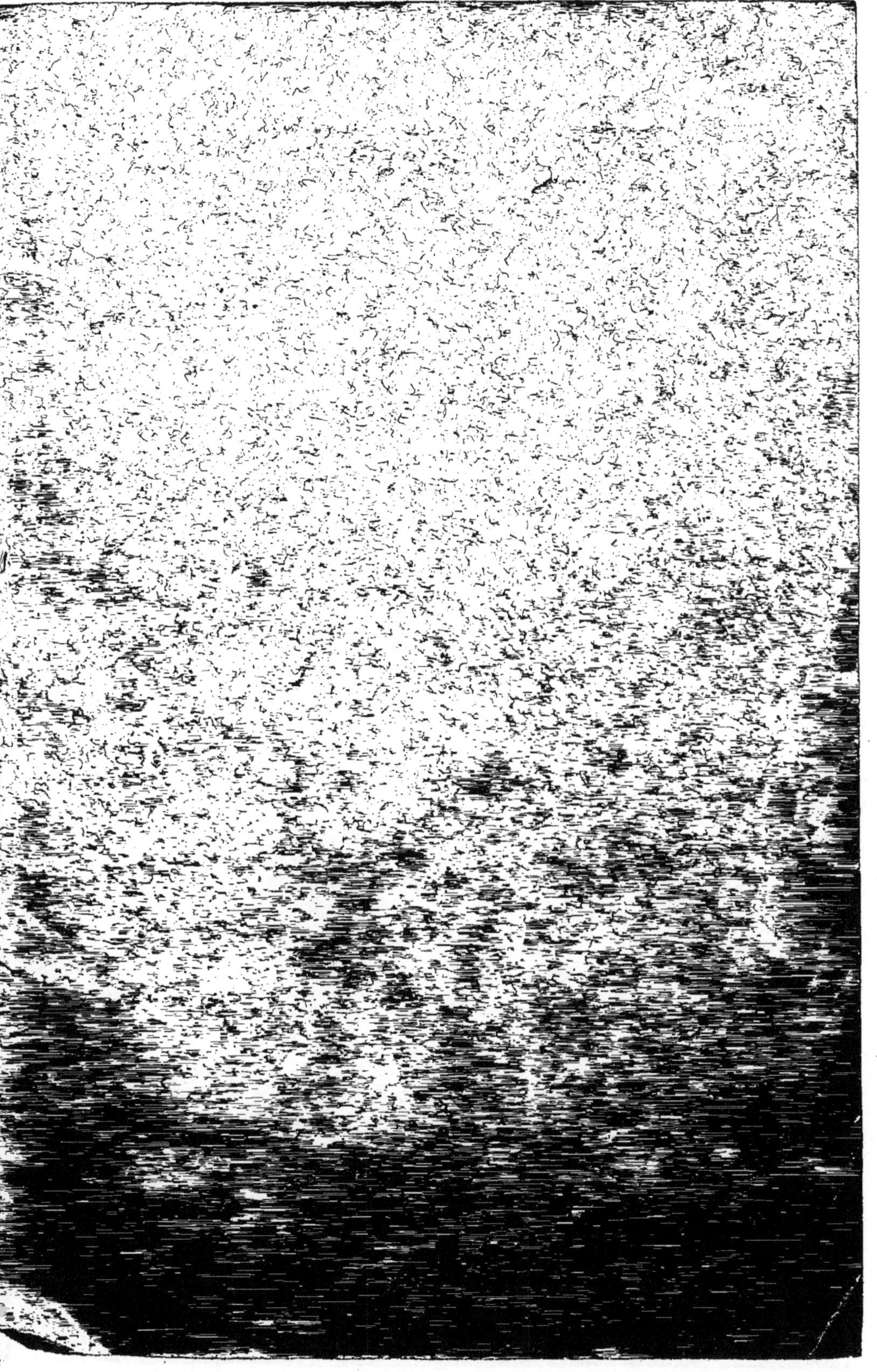

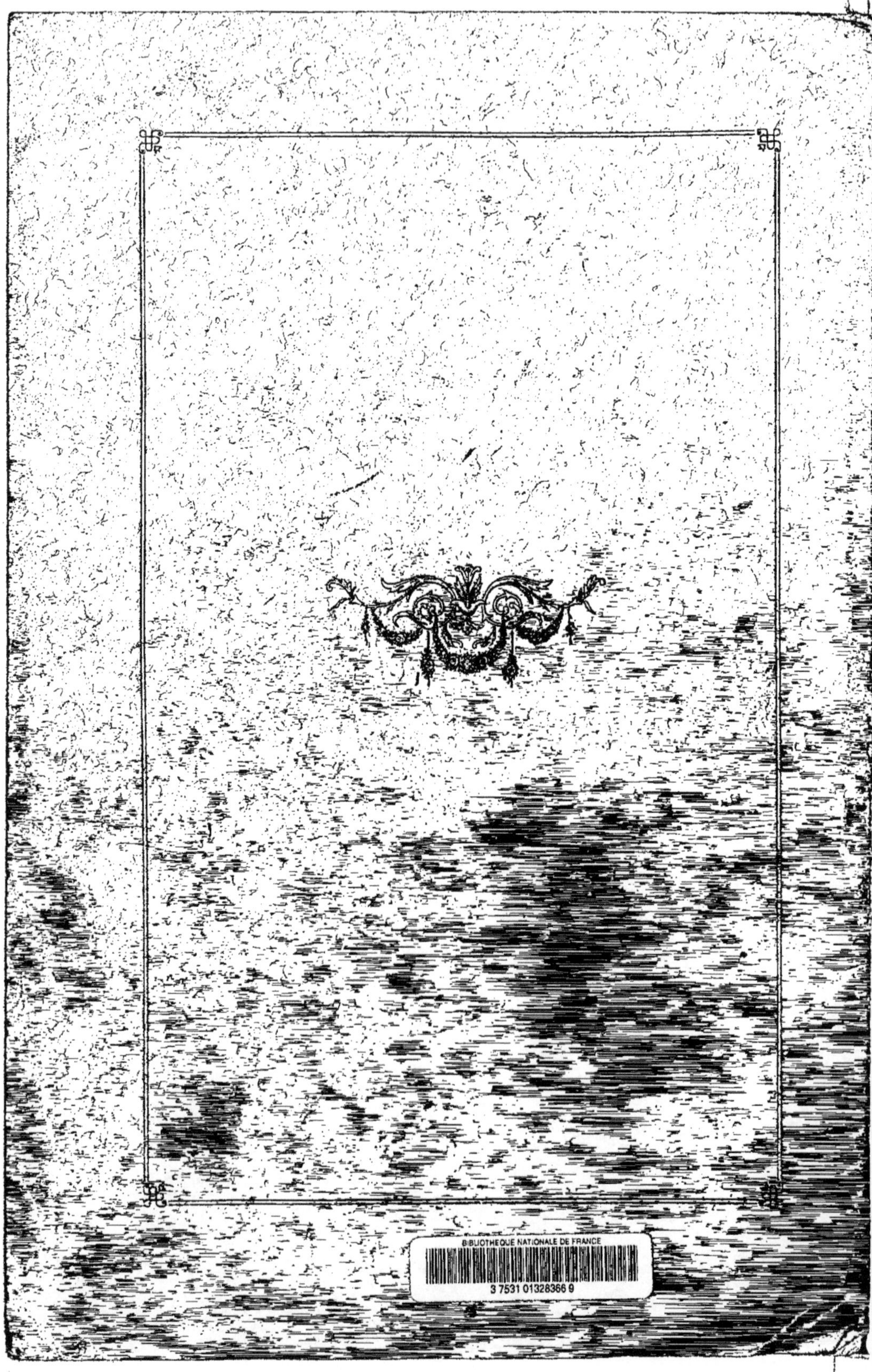